KB107982

우리의 선사문화(Ⅱ)

책 이 름 / 우리의 선사문화 (Ⅱ)

지은이 / 이 융 조 외
펴낸이 / 김 경 희
펴낸곳 / (주)지식산업사
등록번호 / 1-363
등록날짜 / 1969. 5. 8
초판 제 1 쇄 발행 / 2000. 3. 7
초판 제 2 쇄 발행 / 2002. 3. 21
주   소 / 서울시 종로구 통의동 35-18
전   화 / 734-1978, 1958 팩스 720-7900
천리안ID / jisikco
홈페이지 / www.jisik.co.kr
책   값 / 15,000원

ISBN 89-423-1024-9   94910
ISBN 89-423-0016-2   (전3권)

*이 책을 읽고 지은이에게 문의하고자 하는 이는
지식산업사 e-mail로 연락바랍니다.

머 리 말

　　우리의 역사와 전통과 문화를 같이하는 북부지방의 선사문화연구는 지금까지 여러 제약으로 인하여 연구가 올바로 진행되지 못한 문제를 갖고 있다. 특히 이념과 체제가 서로 다른 데서 오는 문화해석의 문제는 선사시대 연구에서도 피할 수 없었던 것이 우리의 현실이다.

　　이에 이 책을 쓴 저자들은 이러한 점에서 학계의 새로운 의견을 수렴하고 또한 북쪽 학자의 연구성과를 수용하여 이 책을 간행하기로 하였다. 그러나 이와 관련한 문제에 대하여 다른 견해를 제시하고 있는 학자들도 있음을 분명히 알고 있다. 그렇다고는 하지만 북쪽의 학자들이 해방 이후 50여 년 동안 연구하여 온 결과를 단 몇 줄의 글로 부정하는 태도 또한 올바른 학자의 길이 아니라고 여겨진다.

　　그러하기에 이 책이 갖고 있는 한계와 문제 그리고 위상을 올바르게 평가받고자 이제서야 책을 펴내게 되었다. 출간이 지연된 데 대해서 학계 연구자들과 우리의 문화에 애정을 갖고 있는 독자들에게 미안한 마음을 밝히지 않을 수 없다.

　　그간 저자들은 대학에서 우리의 선사문화 강좌를 개설하고 강의를 진행하면서 학생들에게 선사문화에 대한 이해의 폭을 넓혀줄 마땅한 책이 없음을 알게 되었다. 즉, 문화의 현장인 유적 중심의 문화해석과 유적 자체가 갖고 있는 의미를 파악한 책을 찾을 수 없었던 것이다. 이러한 관점에서 우리의 선사문화를 중부지방의 중원문화권을 중심으로 한 선사문화, 북부지방의 선사문화, 남부지방의 선사문화를 각각 서술하여 3책으로 간행하기로 계획하였다.

　　이러한 작업의 일환으로 중부지방의 선사문화를 다룬 《우리의 선사문화(Ⅰ)》(1994년)을 간행하였고, 이어서 바로 북부지방의 선사문화를 다루어 《우리의 선사문화(Ⅱ)》를 간행하고자 하였으나, 많은 시간이 흐른 지금에서야 두번째 책을 펴내게 되었다. 이에 저자들은 스스로의 책임을 느끼며, 빠른 시일 내에 남부지방에 관계되는 세번째 책을 간행하고자 한다. 학계의 많은 질정을 바라는 마음이다.

이 책은 저자들이 모여 여러 차례의 기획과정을 거친 다음, 각 시대별 서술로 구석기·중석기문화(이융조·윤용현), 신석기문화(길경택), 청동기문화(하문식)에 대한 초고를 마련한 후, 이를 바탕으로 이융조·우종윤 등 저자 5명이 읽고 수정·가필·윤문을 하여 마무리하였다. 이 책에 실린 유적·유물 사진은 모두 북부지방의 것으로 자료를 구하는 데 많은 한계가 있어 뚜렷하게 제시하지 못한 점, 이 책을 읽는 독자 여러분들의 이해를 바란다.

책을 출판하기까지 많은 기다림과 격려·뒷바라지를 아끼지 않으신 지식산업사 김경희 사장님과 편집부 여러분에게 고마움을 전한다.

2000년 새해를 맞이하여
충북대학교 선사연구실에서
필자들을 대표하여 이융조 씀

차 례

머 리 말 / 3

제 1 장 구석기문화

Ⅰ. 연구경향과 성과 ·· 13
1. 연구경향 / 13
2. 연구성과 / 17
   1) 동물상 17/   2) 식물상 19/   3) 연모 20
   4) 옛사람들(고인류) 22/   5) 절대연대방법의 응용 25

Ⅱ. 북부지방의 구석기유적 ······································· 26
1. 동굴유적 / 26
   1) 대동강 유역 27/   2) 기타 44
2. 한데유적 / 45
   1) 두만강유역 45/   2) 기타 49

Ⅲ. 연구의 과제와 전망 ·· 50
1. 구석기문화의 해석과 층위문제 / 50
2. 고동물학·고인류학의 연구와 배경 / 52
3. 자연환경연구 / 53

제 2 장 중석기문화 ··· 57

제 3 장 신석기문화

Ⅰ. 연구경향과 성과 ·· 61
1. 연구경향 / 61

2. 연구성과 / 64
  1) 농경 64/ 2) 집(터) 68/ 3) 토기와 연모 71/ 4) 믿음과 예술 80

Ⅱ. 북부지방의 신석기유적 ································· 84
1. 집(터) / 84
  1) 선봉 서포항유적 84/ 2) 무산 범의구석유적 90/ 3) 중강 장성리유적 90
  4) 중강 토성리유적 91/ 5) 의주 미송리 동굴유적 91/ 6) 룡천 룡연리유적 94
  7) 룡천 신암리유적 94/ 8) 녕변 세죽리유적 96/ 9) 평양 남경유적 96
  10) 평양 장촌유적 98/ 11) 평양 청호리유적 99/ 12) 평양 금탄리유적 100
  13) 상원 룡곡동굴유적 101/ 14) 송림 석탄리유적 102
  15) 연탄 오덕리유적 103/ 16) 봉산 마산리유적 104
  17) 봉산 지탑리유적 104/ 18) 청단 소정리유적 106
  19) 신포 강상유적 107
2. 조개더미 / 107
  1) 정주 당산유적 107/ 2) 온천 궁산리유적 108/ 3) 해주 룡당포유적 110
  4) 은천 학월리유적 110/ 5) 청진 농포리유적 111
3. 출토유적 / 113
  1) 온성 동관리유적 113/ 2) 어랑 룡평리유적 113
  3) 회령 검은개봉유적 114/ 4) 영안 광암리유적 114
  5) 염주 도봉리유적 115/ 6) 룡천 쌍학리유적 115
  7) 송화 안골유적 116/ 8) 경성 원수대유적 117

Ⅲ. 연구의 과제와 전망 ································· 118
1. 신석기문화의 해석 / 118
2. 유적과 유물의 해석 / 120

제4장 청동기문화

Ⅰ. 연구경향과 성과 ································· 123
1. 연구경향 / 123
2. 연구성과 / 126
  1) 전기 청동기문화(기원전 2천년기 전반) 129
  2) 후기 청동기문화(기원전 2천년기 후반과 기원전 1천년기 전반) 131
Ⅱ. 북부지방의 청동기유적 ································· 142
1. 집터 / 142
  1) 라진 초도유적 142/ 2) 선봉 서포항유적 146/ 3) 회령 오동유적 149

  4) 무산 범의구석유적 152/   5) 중강 토성리유적 154

  6) 강계 공귀리유적 155/   7) 시중 심귀리유적 158/   8) 의주 미송리유적 160

  9) 룡천 신암리유적 161/   10) 녕변 세죽리유적 162/   11) 평양 남경유적 163

  12) 평양 금탄리유적 167/   13) 평양 립석리유적 169

  14) 송림 석탄리유적 170/   15) 봉산 지탑리유적 173

  16) 봉산 신흥동유적 173/   17) 룡연 석교리유적 175/   18) 금야유적 176

  19) 영흥유적 177/   20) 북청 중리유적 179/   21) 북청 토성리유적 179

 2. 무덤 / 181

  1) 고인돌 181/   2) 돌널무덤 195

Ⅲ. 연구의 과제와 전망 ·· 201

참고문헌 / 205
북부지방 선사유적 발굴조사연표 / 219
찾아보기 / 227

표·그림·사진 차례

표

표 3-1. 《조선전사 I》에 실린 신석기유적의 시기구분 / 76
표 3-2. 신석기시대 유물 출토 지역 / 117
표 4-1. 청동기 출토유적 / 200
표 4-2. 청동기시대 유물 출토 지역 / 201

그 림

그림 1-1. 북부지방의 구·중석기유적 / 27
그림 1-2. 룡곡 제1호 동굴 2문화층 석기 / 33
그림 1-3. 만달리 출토 흑요석 좀돌날몸돌 / 39
그림 1-4. 강안리 출토 석기와 뼈연모 / 46
그림 1-5. 굴포리 II기 출토 석기 / 48
그림 3-1. 궁산 출토 낫 / 68
그림 3-2. 서포항 3호 집터와 복원도 / 70
그림 3-3. 지탑리 1호 집터 복원도 / 70
그림 3-4. 궁산 5호 집터 / 71
그림 3-5. 미송리 출토 토기(아래 문화층) / 74
그림 3-6. 북부지방의 신석기유적 / 85
그림 3-7. 토성리 집터 분포도 / 92
그림 3-8. 미송리 출토 토기(위 문화층) / 93
그림 3-9. 금탄리 출토 새김무늬토기(2문화층) / 101
그림 3-10. 룡곡 동굴 출토 새김무늬토기(2문화층) / 102
그림 3-11. 마산리 집터(5·21호) / 103
그림 3-12. 룡당포 출토 토기 / 111
그림 3-13. 검은개봉 출토 토기와 석기 / 114
그림 3-14. 도봉리 출토 토기 / 115
그림 3-15. 안골 출토 토기 / 117

그림 4-1.　북부지방의 청동기유적 / 143

그림 4-2.　서포항 집터(5·6호) / 147

그림 4-3.　오동 집터(5호) / 150

그림 4-4.　범의구석 집터(8호) / 152

그림 4-5.　공귀리 집터 배치 및 교통호 / 156

그림 4-6.　공귀리 집터 복원(5호) / 157

그림 4-7.　미송리 출토 미송리형 토기와 청동도끼 / 160

그림 4-8.　세죽리 집터(27호)와 출토 토기 / 163

그림 4-9.　남경 집터(36호) / 165

그림 4-10.　금탄리 출토 팽이형 토기 / 168

그림 4-11.　립석리 2호 집터 출토유물 / 169

그림 4-12.　석탄리 집터(2호) / 171

그림 4-13.　신흥동 출토 팽이형 토기 / 174

그림 4-14.　영흥 출토 거푸집과 화살촉 / 178

그림 4-15.　중리 집터(3호)와 출토 토기 / 179

그림 4-16.　덕인리 고인돌(1호)과 출토 토기 / 182

그림 4-17.　묵방리 고인돌(20·24호)와 묵방리형 토기 / 182

그림 4-18.　천진동 고인돌 분포도 / 186

그림 4-19.　극성동 고인돌 분포도 / 187

그림 4-20.　평촌(10·11호)과 석장골(2호) 고인돌 / 189

그림 4-21.　광성동 성문 1지점 고인돌 분포도 / 192

그림 4-22.　귀일리 고인돌과 출토유물 / 195

그림 4-23.　대평리 고인돌(5호)과 돌널무덤(1·8호) / 196

그림 4-24.　상매리 돌널무덤과 청동화살촉 / 197

그림 4-25.　대아리 돌널무덤과 비파형동검·청동화살촉 / 199

사　진

사진 1-1.　구석기시대의 자연환경 복원도(검은모루) / 14

사진 1-2.　큰뿔사슴 복원도(검은모루) / 15

사진 1-3.　짧은턱 하이에나 아래턱(검은모루) / 15

사진 1-4.　큰 쌍코뿔이 복원도(검은모루) / 18

사진 1-5.　‘주먹도끼모양’ 석기와 그림(검은모루) / 21

사진 1-6.　승리산사람 아래턱과 복원 모습 / 23

사진 1-7.　만달사람 머리뼈·아래턱과 복원 모습 / 24

사진 1-8. 검은모루유적 전경 / 28

사진 1-9. 검은모루 출토 큰꽃사슴 아래턱 / 29

사진 1-10. 룡곡 제1호 동굴 전경 / 32

사진 1-11. 룡곡 제1호 동굴 출토 용곡사람 머리뼈(7호)와 아래턱(6·2호) / 33

사진 1-12. 룡곡 제2호 동굴 전경 / 34

사진 1-13. 화천동 출토 큰 쌍코뿔이 아래턱 / 36

사진 1-14. 만달리유적 전경·동굴 내부 / 38

사진 1-15. 만달리 출토 흑요석 좀돌날몸돌과 뼈연모 / 39

사진 1-16. 대현동유적 전경 / 40

사진 1-17. 대현동 럭포사람 머리뼈와 복원 모습 / 41

사진 1-18. 승리산유적 전경 / 43

사진 1-19. 강안리유적 발굴 모습 / 45

사진 1-20. 굴포리유적 전경 / 47

사진 1-21. 굴포리 Ⅰ기 화덕자리 / 47

사진 1-22. 장덕리유적 전경과 털코끼리의 위턱 셋째 어금니 / 49

사진 2-1. 부포리유적 전경 / 58

사진 2-2. 부포리유적 출토 석기 / 58

사진 3-1. 궁산리 조개더미유적 전경 / 63

사진 3-2. 불탄 곡식 낟알(남경·지탑리) / 65

사진 3-3. 서포항 출토 돌괭이(길이 36.3cm) / 65

사진 3-4. 지탑리 출토 돌보습과 출토 모습 / 67

사진 3-5. 서포항 출토 조가비 반달칼(길이 12.5cm) / 68

사진 3-6. 새김무늬토기(서포항·지탑리) / 73

사진 3-7. 신암리 출토 번개무늬토기 / 75

사진 3-8. 농포리 출토 흑요석제 석기 / 77

사진 3-9. 서포항 출토 뼈작살(2·4기층) / 78

사진 3-10. 신암리 출토 달도끼(지름 6.9cm) / 80

사진 3-11. 서포항 출토 치레걸이 / 81

사진 3-12. 서포항 3기층 출토 예술품(①망아지, ②③⑥⑦치레걸이, ④뱀, ⑤인형) / 82

사진 3-13. 서포항 4기층 출토 예술품 / 82

사진 3-14. 농포동 출토 여성조각품 / 83

사진 3-15. 농포동 출토 개 조각품 / 83

사진 3-16. 서포항 출토 타래무늬토기(높이 12.2cm)와 뿔괭이 / 86

사진 3-17. 서포항 출토 뼈바늘·바늘통과 뼈송곳 / 87

사진 3-18. 범의구석 집터(2호)와 출토유물(굽 손잡이토기[높이 14.6cm], 뼈 화살촉, 곰배팽이) / 88

사진 3-19. 토성리 출토 새김무늬토기·곰배팽이 / 91

사진 3-20. 신암리 토기 출토 모습 / 94

사진 3-21. 남경유적 전경 / 96

사진 3-22. 남경 출토 새김무늬토기와 그물추 / 96

사진 3-23. 장촌 출토 새김무늬토기(높이 36cm)와 갈돌(길이 48cm) / 98

사진 3-24. 지탑리 집터(1호)와 출토유물(새김무늬토기·창끝) / 104

사진 3-25. 강상 출토 새김무늬토기 / 107

사진 3-26. 궁산 출토 갈돌·갈판 / 108

사진 3-27. 농포리 출토 새김무늬토기·샀바늘·돌도끼 / 111

사진 3-28. 쌍학리 출토 번개무늬토기 / 115

사진 4-1. 청동기시대의 각종토기(남경유적·신암리유적·공귀리유적·오동유적) / 127

사진 4-2. 별도끼(석탄리)와 달도끼(신흥동) / 128

사진 4-3. 토성리 출토 청동토시와 청동도끼 / 128

사진 4-4. 오동 출토 흑요석제 화살촉 / 130

사진 4-5. 서포항 움무덤의 사람뼈와 뼈바늘통 / 130

사진 4-6. 남경 출토 팽이형 토기 / 132

사진 4-7. 침촌리 고인돌 무덤방 모습 / 133

사진 4-8. 신암리 출토 청동칼 / 134

사진 4-9. 요동반도 석봉산 고인돌 / 135

사진 4-10. 공귀리 출토 발화석과 별도끼 / 138

사진 4-11. 오동 5호 집터 복원도 / 140

사진 4-12. 범의구석 출토 삼끈과 옥고리(팔지) / 142

사진 4-13. 초도 출토 붉은간토기와 시루 / 144

사진 4-14. 초도 출토 뼈숟가락 / 145

사진 4-15. 초도 출토 청동방울 / 145

사진 4-16. 서포항 집터(24호) / 147

사진 4-17. 서포항 출토 뼈피리와 뼈바늘통 / 148

사진 4-18. 오동 집터(8호) / 150

사진 4-19. 범의구석 출토 독(높이 84cm) / 153

사진 4-20. 토성리 출토 가락바퀴 / 155

사진 4-21. 심귀리 출토 단지(높이 21.5cm) / 159

사진 4-22. 신암리 출토 굽바리 / 162

사진 4-23. 남경 출토 삿자리 / 165

사진 4-24. 남경유적 출토 곡식 낟알(벼·조·수수·콩·기장) / 166

사진 4-25. 금탄리 출토 청동끌 / 168

사진 4-26. 석탄리 출토 흙구슬과 팽이형 토기 / 172

사진 4-27. 지탑리 출토 팽이형 토기와 돌도끼 / 174

사진 4-28. 석교리 1호 집터 토기 출토 모습 / 175

사진 4-29. 금야 출토 거푸집(청동방울과 창) / 177

사진 4-30. 토성리 출토 항아리(높이 39cm)와 천 조각 / 180

사진 4-31. 석천산 1호 고인돌 / 183

사진 4-32. 오덕리 고인돌유적 전경 / 188

사진 4-33. 약사동 출토 청동화살촉과 돌화살촉 / 191

사진 4-34. 로암리 고인돌 전경 / 193

사진 4-35. 관산리 고인돌 전경 / 194

사진 4-36. 상매리 출토 청동화살촉 / 198

제 1 장 구석기문화

I. 연구경향과 성과

1. 연구경향

　북부지방에서의 구석기문화에 대한 연구는 광복 이전인 1935년 온성 강안리 (종성 동관진)의 상삼봉(上三峰)과 연대봉(煙臺峰)에서 출토된 홍적세(구석기시대)의 뼈화석에 대한 보고부터이다.

　그것은 당시 학계의 연구 수준으로 볼 때에 유적에 대한 상당히 높은 단계의 고생물학적 조사연구와 층위 구분, 유물의 고고학적 분석이 시도된 것으로, 구석기시대의 유물·유적으로 주장되었다. 그러나 단일 유적으로는 유례없이 자세히 분석된 이 연구결과는 당시 일제의 식민사관에 의하여 부정되었으며, 이와 같은 부정 일변도의 논리는 광복 이후에도 계속되어 우리나라 구석기학사의 한 특징으로 지적될 수 있다.[1]

　이러한 구석기문화연구는 1945년 광복 이후에도 별다른 진전이 없다가, 50년 대 후반(1958년)에 우리나라에서의 구석기유적 발견 가능성에 대해 예견한 글들이 남북한에서 거의 동시에 발표되어 주목된다.[2] 이러한 예견은 1961년 화대 장덕리에서 후기 홍적세(갱신세)의 털코끼리(맘모스)화석이 발견됨으로써 부각되었다. 화석의 종(種)감정, 꽃가루 분석을 통한 당시의 자연환경 복원, 퇴적층분석에 의한 지층의 형성시기 추정 등이 여기서 이루어짐에 따라,[3] 우리나라에서 구석기유적 존재 가능성을 더욱 뚜렷이 하기에 이르렀다.

　자연환경분석이 화대 장덕리유적에서 처음으로 이루어졌다면, 석기에 대한 연구가 북한지역에서 처음 이루어진 곳은 함북 선봉(웅기)군 굴포리유적을 들 수 있다. 서포항동에 있는 신석기시대의 조개더미층을 발굴(3차례)하고 난 다음, 그 아래층에서 떼임질을 베푼 밀개 1점(대리석)을 찾은 것이 구석기문화층 발굴의 계기가 되었다.

이렇게 찾게 된 유물을 '소식'란에 간략하게 보고하면서 '굴포문화(Coulporien)'라고 하고,[4] 이어서 1차(1963. 4.)·2차(1963. 7.~8.) 발굴을 실시한 다음 그 결과를 분석·연구해서 I기(중기)·II기(후기)로 구분하여 보고하였으며,[5] 이듬해 3차 발굴을 하였다. 이 굴포리유적은 식민사관으로 그 동안 부정 되어왔던 구석기문화를 학문적으로 체계화하는 데 첫걸음을 내딛게 하였다.

굴포리유적에 이어서 우리나라 구석기문화연구에 커다란 획을 그은 유적이 바로 상원 검은모루동굴이다(사진 1-1). 이 유적이 자리한 우물봉 일대는 우리나라의 지질구분에 '상원계'란 이름을 붙일 정도로 석회암이 발달된 곳으로 많은 굴들이 있다. 그런데 굴의 석회석을 깨뜨려 상원강둑을 쌓는 과정에서 동물화석이 발견되어, 1966~1970년 사이에 조사를 실시하였다.

이 유적의 발굴은 지금까지 해오던 한데유적(open site)의 발굴에서 동굴유적(cave site)으로 눈을 돌리게 되는 계기가 되었으며, 이후 우리나라에서 구석기유적 조사의 새로운 방향을 제시하였다는 데 큰 의의가 있다.

유적에서는 동물화석과 석기가 출토되었는데, 쌍코뿔이·큰뿔사슴(사진 1-2)·큰꽃사슴·짧은턱하이에나(사진 1-3)·물소뼈 등의 동물화석은 층위 구분없이 고생물학적 특징만이 고찰되었다.

사진 1-1. 구석기시대의 자연환경 복원도(검은모루)

사진 1-2. 큰뿔사슴 복원도(검은모루)

사진 1-3. 짧은턱 하이에나 아래턱(검은모루)

석기는 제4구획 Ⅳ층에서만 출토되어 주목되며, 석영과 석회암을 감으로 하여 모루·망치떼기, 부딪쳐떼기, 직접떼기, 외날떼기 수법으로 주먹도끼모양 석기·외날찍개(제형석기)·찌르개·긁개(쪼각석기)·돌망치 등을 만들었다.[6]

이 유적의 퇴적시기를 I·IV층 구분 없이 보고자들은 중기 홍적세 이른 시기인 민델빙기로 보는데,[7] 여기에 나타난 동물상과 석기를 분석하여 I층을 민델빙기로, IV층을 아열대·열대시기인 민델·리스간빙기로 보는 견해도 제시되었다.[8] 그러나 그 뒤 북한에서는 귄쯔·민델간빙기로,[9] 최근에는 귄쯔빙하기(1백만년 전)로 더욱 올려 보기도 한다.[10]

검은모루에 이어서 북한의 구석기연구에 새로운 방향을 제시해주는 유적은 덕천 승리산이다. 이곳에서는 우리나라에서 처음으로 구석기시대 사람뼈가 발견되었다.

큰 석회암 낙반석들이 많이 섞인 찰흙층(기본화석층, V층)에서는 곰·(털?)코끼리·코뿔이·말·사슴과·소 등에 속하는 큰 화석들이 출토되었다. 그 밑의 적갈색 자갈층(IV층)에서는 사슴·큰쌍코뿔이·동굴하이에나 등이 출토되었다.[11]

이러한 2개의 구석기시대층에서 사람뼈가 출토되었는데, 슬기사람(*Homo neanderthalensis*) 계통의 '덕천사람'(IV층)과 슬기슬기사람(*Homo sapiens sapiens*) 계통의 '승리산사람'(V층)이 출토되어 중요한 유적으로 부각하였다.

이 유적의 시기에 대한 해석에도 여러 가지 견해가 있다. 즉 2개의 층을 합쳐서 중기 홍적세 말기 또는 후기 홍적세 초기로 보는 견해와,[12] 층을 나누어서 IV층(덕천사람)을 10만여 년 전, V층(승리산사람)을 3~4만년 전으로 구체적인 연대를 제시하는 견해가 있으며,[13] IV층을 후기 홍적세 초기, V층을 후기 홍적세 중기~말기로 보기도 한다.[14]

그간에 이룩된 북한에서의 구석기문화연구 수준을 종합적으로 반영하고 있는 것은 룡곡동굴유적이다. 이 유적은 상원군 룡곡리에 있으며, 여기서 2개의 석회암동굴이 발굴되었다. 룡곡동굴의 연구는 지금까지의 다른 유적의 연구보다도 몇 가지 점에서 앞선 성과를 보이고 있다.

우선 층위에 따른 퇴적층·꽃가루·동물상·사람뼈·연대측정 등과 같은 과학적 방법으로 문화해석을 시도하고 있다. 또한 지금까지 고고학연구소 중심의 연구에서 벗어나, 김일성종합대학 연구진이 주도적으로 조사하고 보고까지 하였다.

각기 층위와 유물별로 고찰된 석기는 아주 초보적인 수준의 서술에 멈춰 있고, 또한 문화층에 따른 비교연구와 검토가 뒤따르지 못한 아쉬움이 있다.[15]

이렇게 조사가 진행된 북한의 구석기유적은 강안리·굴포리유적을 비롯하여

모두 24곳이며, 이 가운데에는 동물화석만이 출토된 12곳도 포함되어 있다.[16]

북한에서의 구석기유적 발굴은 상당한 기간과 예산을 들여 국가 차원에서 추진하고 있는데, 약 15개월 사이에 3차에 걸쳐 굴포리유적을 연차 발굴하였음은 주목할 만한 일이다.

그리고 신석기문화층 아래 충적세층에서 찾게 된 뗀석기를 구석기유물·문화로 보는 적극적인 견해와, 가장 중요한 연구대상인 지층과 문화층의 분류시도나 석기와 제작방법을 우리말로 이름붙이고자 하는 노력 등은 구석기문화 연구에 큰 길잡이 역할을 하였다.[17]

초기에 북한의 구석기유적 조사는 함북지역의 한데유적 중심이었으나, 그 뒤로는 평양시를 중심으로 한 동굴유적에 집중되어 있다.

이처럼 굴포리유적 조사 이후에 거의 모든 구석기연구활동이 동굴조사로 고동물과 인류진화에 편중되어 있음은 북한 구석기문화의 연구성격을 보여주는 한 단면이라 할 수 있다.

2. 연구성과

1) 동물상

홍적세에 살았던 짐승의 연구는 당시 자연환경과 인간행위를 밝히는 데 매우 중요하며, 구석기문화를 이해하는 실마리가 된다.

북부지방의 동물화석에 대한 최초의 조사는 1935년에 일본인들에 의하여 실시된 온성 강안리(종성 동관진)유적에서 있었다. 이 유적은 오랫동안 구석기시대의 유적으로 인정받지 못하다가, 1950년대 후반에 와서야 이곳에서 출토된 동물화석을 근거로 구석기유적일 가능성이 제기 되었다.[18]

이렇듯 북한에서는 광복 이후 동물화석에 대하여 많은 관심을 갖고 그것을 밝히기 위한 노력을 기울였으며,[19] 조사 결과 1961년 화대 장덕리에서 발견된 털코끼리(맘모스)화석을 후기 홍적세의 늦은 시기로 추정하고 있다. 이러한 연구는 검은모루동굴유적에서부터 동물화석을 다루게 되는 계기가 되었다.

검은모루유적의 중간보고(1969년)에서는 퇴적층·동물화석·석기고찰 등의 항목으로 나뉘어 있지만, 종합보고에서는 거의 전부가 동물분석과 고찰로만 되어 있다.[20] 따라서 이 보고서는 동물화석에 대한 연구논문인 셈인데, 여기서 연구자들은 신종(nouveau species)의 학명에 그들의 이름을 붙이는 자신감을 보이고 있다. 또한 이 글에서는 동물화석·자료를 바탕으로 당시의 자연환경에 대한 규명이 이루어졌는데, 쥐토끼·습들쥐 등의 추운 동물(La faune froide)과 원숭이·큰 쌍코뿔이(사진 1-4)·물소 등의 더운 동물(La faune chaude)을 함께 뒤섞어 보고하고 있다.

이들의 연구방법은 그 뒤에 오는 청청암동굴과 해상동굴 발굴보고서에도 적용되었는데, 여기에서 출토된 동물화석을 토대로 청청암을 중기 홍적세 중기, 해상을 중기 홍적세 말기로 설정하고 있다.[21]

뒤이어 발굴된 덕천 승리산 동굴유적에서는 동물화석과 사람뼈가 출토되었다. 이 유적의 문화층은 크게 2개로, 위층은 중기 홍적세 말기에서 후기 홍적세 초기로, 아래층은 후기 홍적세 후기로 해석하고 있다.[22]

사진 1-4. 큰 쌍코뿔이 복원도(검은모루)

1970년대 후반에는 평양부근의 대현동·만달리유적이 발굴되었다. 여기에서는 각기 층위별로 동물상을 분석하여 층위의 비교 연구가 가능하게 되어서 한 단계 높은 연구 수준을 보여주고 있다.

1980년대에 접어 들면 지금까지의 연구틀에서 벗어나 보다 객관적이고 과학화된 방법으로 문화를 분석 이해하려는 노력이 시도되는데, 대표적으로 상원 룡곡리유적을 들 수 있다.[23]

2개의 동굴 가운데 룡곡 1호 동굴에서는 6목 14과 22속 24종의 동물화석과 2과 4속 4종의 연체동물화석이 발굴되었다. 짐승을 작은 짐승과 큰 짐승으로 나누면, 큰 짐승인 식육류와 우제류가 71%를 차지하고 있다.

사멸종은 큰갈밭쥐를 비롯한 6종(25%)으로, 이러한 짐승 구성은 검은모루유적과 공통점이 많고, 큰갈밭쥐는 중국의 남전(藍田)·주구점(周口店) 제1지점에서도 확인되어 룡곡의 연대를 해석하는 데 도움이 된다. 또한 룡곡유적의 동물상은 강안리와 중국 정촌과는 공통점보다 차이점이 많으며, 승리산유적과는 현생종·덕천말과 룡곡말을 비교해 볼 때 룡곡의 시기가 빨라서 중기 홍적세 중기~후기로 설정하고 있다.[24]

2) 식물상

북부지방에서 이루어진 식물상 연구에는 꽃가루 분석이 주로 이루어졌는데, 꽃가루 분석이 1961~1962년 화대 장덕리 유적에서 처음으로 실시된 이후 상원 룡곡유적에 이르기까지 연구자들은 이를 통한 자연환경연구에 관심을 기울여 왔다.

먼저 장덕리유적의 이탄층에서 얻은 4개의 시료로 꽃가루 분석을 하여 5강 5아강 11목 11과 16속 8종의 28종류를 밝혀냈다.[25]

보고자는 이와 같은 식물상 자료가 뻘늪골 주위에 있던 식물들이 직접 퇴적된 것으로 보고 있으며, 식물상에 나타난 특징을 통하여 북부 식물상, 특히 고산식물대에 있는 식물종들과 같거나 극히 유사한 것들이 많다는 사실을 밝히고 있다. 이러한 해석은 북위 50° 정도의 흑룡강유역에 있는 시베리아 소나무(*Pinus* cf. *sibirica* MYAR)의 발견에 힘입고 있다.

1960년대에 이렇게 훌륭한 연구업적이 있었음에도 불구하고 그 뒤의 많은 유적조사나 연구에서 이러한 방법이 이루어지지 못하는 바람에, 오히려 자연과학적 입장에서의 구석기연구는 후퇴하고 있었다. 그러다가 최근 룡곡동굴이나 독재굴의 발굴보고에서 다시 꽃가루 분석을 시도하고 있어서 주목된다.[26]

룡곡동굴의 퇴적층은 크게 2가지로 분류되는데, 8층~10층은 온화하고 습윤한 기후(아열대성 온대기후)가 지속되는 동안 퇴적된 것으로, 11~12층은 급격히 추워진 시기(한대성 온대기후)의 것으로 보인다.[27]

3) 연모

구석기시대 사람들이 살림을 꾸리면서 사용한 연모로는 돌·뼈·나무연모가 있다. 이 가운데 당시 사람들이 쓴 석기는 감이 돌이기 때문에 잘 보존된다는 이점과 다량으로 출토된다는 점에서 학자들의 주 연구 대상물이 되어 왔다.

북한의 학자들은 구석기시대 사람들이 처음으로 만들어 쓴 중요한 연모로 석기를 예로 들면서, 당시 사람들이 돌을 깨뜨려 날을 세운 타제석기로 목적의식을 갖고 자연을 정복하며 삶을 꾸려 나간 사실을 크게 부각시키고 있다.[28]

광복 이후 북한에서 가장 먼저 석기가 출토된 유적으로는 선봉 굴포리를 들 수 있다. 이 유적의 문화층은 2개로 나누어지는데, 막집자리와 석기제작소가 확인된 I기층과 찍개·밀개·긁개 등이 출토된 II기층으로 구분된다.

굴포리의 석기제작수법은 부딪쳐떼기·내려치기 등의 직접떼기와 쐐기를 이용한 간접떼기 등으로 분류되는데, 이를 다시 석기날을 만들기 위하여 사용된 외날과 안팎날수법 등으로 구분하며,[29] 이러한 분류 방식은 그 뒤에도 계속 이용되고 있다.

북한에서는 굴포리유적의 석기를 토대로 일찍부터 석기 용어와 관련된 글들을 발표하였다. 여기에는 외국의 구석기 용어들을 번역한 것도 있지만, 한편으로는 우리말로 의미를 정립하여 주먹도끼·격지·밀개 등 한글화 작업에 많은 노력이 기울어졌음을 보여주는 용어들도 있다.

이러한 연구를 보다 더 구체화시킨 유적으로는 그 뒤에 발굴조사된 상원 검은모루유적이다. 이때부터 연구자들은 구석기시대 석기를 전기, 중기, 후기의 것으로 분류하여 다루려고 노력하였다. 특히 당시 사람들이 돌을 깨뜨리는 데 어떻게 타격을 가하였는가를 살펴보기 위해서 학자들은 타격이 가해진 돌의 겉면

과 떼어진 면에 때림면, 때림점, 쪼각자리, 불루기와 같은 여러 가지 이름을 붙이고 있다.[30]

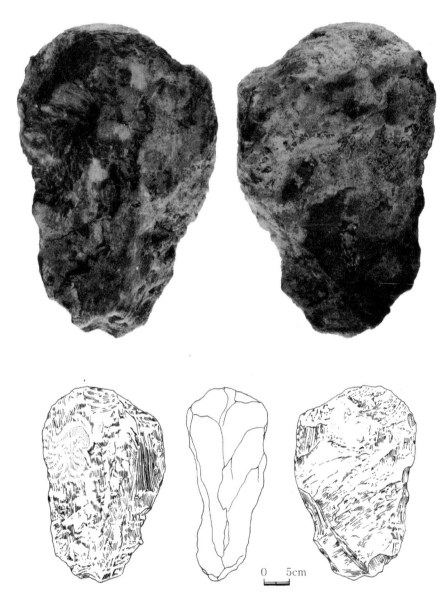

사진 1-5. '주먹도끼모양' 석기와 그림(검은모루)

전기 구석기유적인 검은모루유적의 보고에서는 '주먹도끼모양 석기'(사진 1-5), '제형(사다리형)석기', '뾰족끝 석기' 등으로 구분하고 있는데, 이들 석기는 뚜렷한 정형이 없고, 때려낸 점을 잘 알 수 없을 정도의 것도 있으며, 석기의 이름도 기능 보다는 모양 위주로 붙여진 것이 많다.

중기 구석기시대의 석기들은 앞선 시기보다 전반적으로 잔손질을 많이하여 날을 예리하게 만들고, 또한 때려내기수법으로 격지들을 산출하고 있는 점에서 석기를 만드는 수법이 좀더 발전되었음을 알 수 있다. 이러한 수법으로 만든 뾰족끝석기·긁개·칼날 같은 격지 등이 실제로 굴포리유적에서 출토되고 있다.

후기 구석기시대의 석기가 출토된 유적으로는 선봉 굴포리 II기층과 부포리유적, 그리고 만달리유적이 있다. 이 시기의 문화층들에서는 찍개·긁개·찌르개·밀개·칼날·격지·몸돌(속돌) 등이 출토되었다. 이러한 석기들은 잘 다듬어 만든 것으로서 형태도 세련되고 날이 날카롭다. 후기에는 보다 더 합리적으로 격지를 떼어내게 되었는데, 그것은 깨뜨리려는 몸돌에 끌과 같은 물체를 대고 내리치는 간접떼기 수법으로 북한에서는 "대고떼기"라고 부른다.

이 시대의 사람들은 몸돌을 돌려가며 미리 다듬은 다음, 한손으로는 끌(쐐기)과 같은 물체를 때림면에 대고 다른 손으로는 망치로 그것을 내리쳐서 격지(돌날)를 떼어내었다. 이들(신인)은 이러한 간접떼기수법으로 쉽게 자기가 의도한 대로 돌을 떼어낼 수 있었고, 훨씬 길쭉하고 좋은 돌날(격지)을 얻게 되었다.

한편 후기 구석기시대에는 떼낸 격지를 가공하는 데에도 현저한 발전이 있었는데, 그것은 "눌러뜯기(눌러떼기)" 수법이 보급되면서 이루어진 것이다. 이 시대 사람들은 간접떼기로 얻은 돌날들을 눌러떼기수법으로 여러 번 손질하여 정교하고 훌륭한 석기를 만들었다.

4) 옛 사람들(고인류)

구석기문화의 주체인 사람뼈[古人類]를 찾아 연구하는 일은 다른 분야보다도 중요한 일이다. 그것은 구석기문화의 주인공을 규명하는 동시에 겨레의 뿌리를 찾는 작업이기도 하며, 다른 나라의 학문과도 연계할 수 있다는 점 등의 의미를 지니기 때문이다.

1970년대 초반까지만 해도 북부지방에서는 옛사람들의 뼈가 발견되지 않았으나, 북한 학자들의 노력으로 주로 석회암 동굴유적에서 옛사람뼈가 발굴되었다.

북부지방에서 처음으로 옛사람뼈가 출토된 구석기유적은 승리산이다. 북한 학자들은 승리산유적 가운데 층에서 출토된 아래턱을 '승리산사람(신인)'(사진 1-6)으로 부르며, 후기 홍적세 늦은슬기사람으로 보고 있다. 또한 아래층에서 출토된 2개의 어금니는 '덕천사람(고인)'으로 부르며 이른슬기사람으로 분류하고 있다.

력포유적에서 출토된 7~8세 정도의 어린아이뼈는 동물상의 여러 특징과 함께 이른슬기사람으로 분류하고 있다.[31]

위의 두 유적을 중심으로 북한에서는 우리 겨레의 뿌리를 후기 구석기시대로 올려 보려는 시도를 하고 있다. 즉 신석기시대에 형성된 '조선옛류형사람'을 승리산 사람의 후예로 연결짓고 있다.

이러한 이론을 구체적으로 밝혀볼 수 있는 자료가 만달사람(사진 1-7)이다. 만달사람은 좀돌날몸돌[細石刃核]과 함께 발굴되었는데, 20~30세 정도의 남자 어

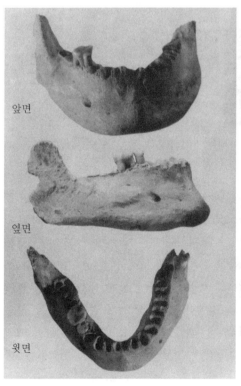

사진 1-6. 승리산사람 아래턱과 복원 모습

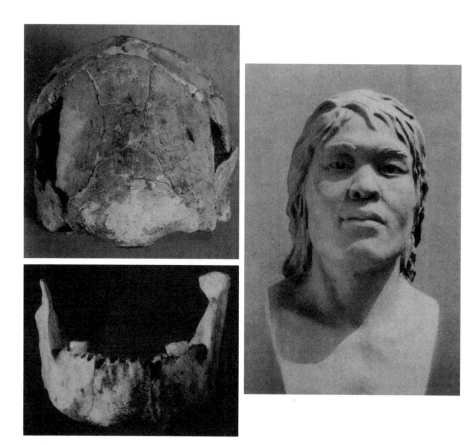

사진 1-7. 만달사람 머리뼈·아래턱과 복원 모습

른뼈로 후기 홍적세의 늦은 시기로 해석하고 있다.

　그러나 최근에 만달사람이 출토된 층을 중석기시대로 다시 설정하였는데, 그 이유는 만달사람이 늦은 시기의 신인단계 화석이며, 머리뼈에서 조선옛유형사람, 즉 현대사람에 아주 가까운 진화된 특징을 갖고 있다는 점이다.[32] 이러한 주장은 문제점을 갖고 있는 것으로, 앞으로 동물상·석기 등에 대한 체계적인 연구와 절대연대 측정 등을 기다려야 할 것이다. 아무튼 이 유적의 발굴로 북한 학자들은 우리 겨레의 기원문제를 더욱 구체화시키고 있으며, 위에서 살핀 덕천사람과 력포사람이 신인단계의 승리산사람과 만달사람으로 발전하였고 이들이 곧 바로 신석기시대사람으로 이어졌다는 '본토기원설'을 주장하고 있다.

　풍부한 고고학적유물과 동물화석 및 옛사람뼈가 발굴되어 중요한 구석기유적으로 등장한 룡곡동굴의 9~11층에서는 머리뼈가 출토되었다. 그 가운데 가장 대표되는 7호 머리뼈가 출토된 9층의 연대측정(열형광법) 값이 40~50만년 전으로 밝혀져, 곧선사람(*Homo erectus*) 계열로 보고 있다.[33] 그러나 체질인류학적으로 늦은슬기사람으로 보려는 주장과,[34] 동·식물상과 단구형상의 특징으로 보아 중기에서 후기 구석기 초로 보는 주장이 함께 제기되고 있다.[35]

위에서 살펴 본 옛사람뼈들을 중심으로, 북한에서는 주체사상의 입장에서 인류의 진화발전단계를 설정하여 그 단계에 맞추어 설명하고 있다. 즉 고인단계의 덕천사람·력포사람이 신인단계의 룡곡사람·승리산사람으로, 이들은 다시 만달사람으로 진화되었고, 곧바로 신석기시대 사람인 '조선옛류형사람'으로 이어졌다는 논리이다.[36] 이러한 논리가 문제점을 갖고 있는 것은 사실이나, 옛사람과 오늘날의 사람과의 관계를 일원적인 입장에서 이으려고 하는 시도와 노력은 남한 학계와 커다란 차이를 보이고 있다.

5) 절대연대방법의 응용

구석기유적의 형성시기를 결정하는 방법에는 과학적인 절대연대측정(absolute dating)이 쓰인다.

우리나라 구석기유적에서 출토된 자료를 매체로 하여 실시된 절대연대 측정방법에는 방사성탄소(^{14}C) 연대측정법을 비롯하여, 우라늄(U·TH·PA) 계열 원소측정법, 열형광 측정법(TLD), 칼륨·아르곤(K·Ar) 측정법, 전자회전반응(ESR) 연대측정법, r-분광 측정법(Spectrometry) 등이 있다.

지금까지 우리나라에서는 35개 이상의 구석기유적이 조사되었지만, 절대연대측정이 실시된 유적은 그렇게 많지 않은 실정이다. 이것은 유적의 형성에 관한 해석과 당시 사람들의 문화배경을 이해하는 데에 큰 어려움을 갖게 한다.

북한의 학자들은 전자회전반응(ESR) 연대측정법[37]과 우라늄계열 원소측정법[38]의 이론적 배경을 설명하고 있다. 남한에서는 1970년대에 한국원자력연구소에서 ^{14}C 연대측정을 실시하다가 중단하였는데, 이에 반해서 북한에서는 고고학연구소 안에 연대측정실을 만들어서 절대연대값을 얻고 있다.

북한에서 절대연대 측정방법의 연구수준을 알게 하는 자료로는 1980년대 초반에 발굴조사된 상원 룡곡유적을 들 수 있다. 열형광측정법으로 8층의 연대를

50만~48만년 전으로, 9층은 46만~40만년 전으로 발표하고 있다. 그러나 그 뒤에 실시한 열형광 측정법과 우라늄계열 측정법으로는 4.6만~11만년 전으로 나타나, 절대연대 측정의 방법과 기술상의 문제를 노출시키고 있다.

한편 그 뒤에 전자스핀공명 측정법과 열형광 측정법을 구석기유적과 제4기층에 적용하여, 유적의 연대와 지층의 형성시기를 밝히려는 의욕을 보이고 있다.

먼저, 전자스핀공명 측정법으로 만달리 절골동굴유적의 아래층을 측정한 결과 943,825±21,802B.P.로 나타났다. 이것은 이미 발굴조사된 상원 검은모루유적의 연대를 전기 홍적세의 늦은 시기에서 100만년 전으로 올리는 데 비교 자료로 쓰이고 있다.[39]

또한 열형광 연대측정법으로 김책-어랑 지방에 발달한 제4기 현무암층을 측정한 결과, 지층은 180만년 전~20만년 전 사이에 4단계의 형성과정이 있었던 것으로 나타났으며, 가장 이른 시기의 지층이 180만~160만년 전으로 밝혀졌다.[40]

이렇듯 북한에서는 여러 방법으로 연대측정을 시도해서 퇴적층의 규명과 당시의 자연환경을 복원하고 있으며, 이것이 구석기문화를 이해하기 위한 연구수단으로 쓰이고 있다.

II. 북부지방의 구석기유적(그림 1-1)

1. 동굴유적

1960년대 후반부터 발굴조사된 동굴유적은 주로 석회암이 발달된 지역인 대동강가에 밀집되어 분포하고 있다. 지금까지 발굴조사된 동굴유적은 19개로 우리나라 구석기시대 동굴유적의 대다수를 차지하고 있다. 이러한 유적에서는 그 시대의 주인공인 사람뼈와 그들이 사용했던 돌·뼈연모들과 함께 당시의 자연환경을 살펴볼 수 있는 동·식물상과 화석 등이 많이 출토되어, 북부지방의 구석기문화연구에 중요한 부분을 차지하고 있다.

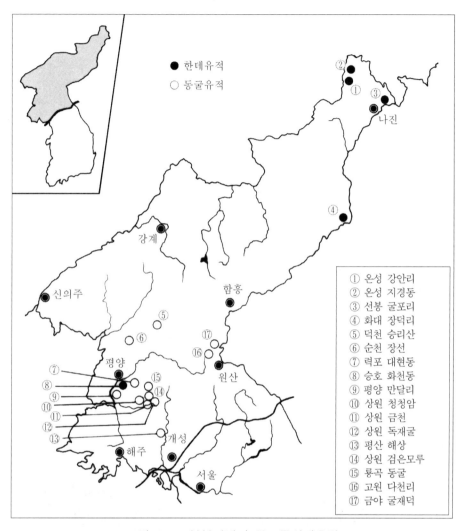

① 온성 강안리
② 온성 지경동
③ 선봉 굴포리
④ 화대 장덕리
⑤ 덕천 승리산
⑥ 순천 장선
⑦ 력포 대현동
⑧ 승호 화천동
⑨ 평양 만달리
⑩ 상원 청청암
⑪ 상원 금천
⑫ 상원 독재굴
⑬ 평산 해상
⑭ 상원 검은모루
⑮ 룡곡 동굴
⑯ 고원 다천리
⑰ 금야 굴재덕

그림 1-1. 북부지방의 구·중석기유적

1) 대동강 유역

⑴ 상원 검은모루유적

평양시 상원군 상원읍 흑우리(검은모루)의 우물봉 일대는 우리나라의 지질구분에 '상원계'라는 이름을 붙일 정도로 석회암이 발달된 곳이다. 이 우물봉에는 지형적 특성으로 인해서 많은 굴들이 있는데, 그 가운데 남쪽 비탈에 있는 동굴의 석회석을 깨뜨려 상원강둑을 쌓는 과정에서 동물화석이 출토되어 1966~1970년 사이에 조사를 실시하였다(사진 1-8).

동서방향으로 발달된 동굴의 길이는 약 30m로, 그 생김새에 따라 크게 5구로 구획하여 발굴하였다. 그 가운데 기준이 되는 3구를 보면 지층은 모두 5개 층으로 형성되어 있다.

1구에서는 쌍코뿔이 아래턱·위팔뼈를 비롯한 큰 동물화석들이, 2구에서는 쌍코뿔이·큰뿔사슴·큰꽃사슴·물소뼈 등이 출토되었는데, Ⅰ·Ⅳ층의 어느 층인지는 설명하지 않고 있다.

3구의 Ⅳ층은 화석이 가장 많이 출토된 곳인데, 깊이 250cm 정도까지 화석층이 형성된 것으로 봐서, 이곳이 바로 광장(main hall)이며 생활의 주된 중심지였던 것으로 해석된다.

4구는 150cm정도 두께의 화석층(Ⅳ층)이 있는데, 이곳에서는 석기가 출토되고 광장까지 있어서 생활의 중심지였던 것으로 생각된다. 5구의 Ⅰ층에서는 설치류가 많이 출토되었다.

석기는 4구 Ⅳ층에서만 출토되었으며, 석재는 석영과 석회암을 감으로 하여 모루·망치떼기, 부딪쳐떼기, 직접떼기, 외날떼기 수법을 사용하였다. 석기의 종류

사진 1-8. 검은모루유적 전경

는 주먹도끼모양 석기·외날찍개(제형석기)·찌르개·긁개(쪼각석기)·돌망치 등인데, 이러한 석기들은 여러 번 손질한 것이 적고 한 번 부딪쳐떼기 등으로 하였거나, 그렇게 한 뒤에 한두 번 더 손질한 것이 고작이다.

동물상의 종적구성을 보면 모두 등뼈동물로 7목 17과 23속 29종인데, 그 생태적 집단으로 삼림성, 초원성~삼림성 초원형, 강·늪 가까이에 사는 짐승, 열대~아열대의 4가지로 구분하고 있으나, Ⅰ·Ⅳ층의 것이 같이 섞여 있어서 각 층위별 특징을 알 수 없다.

그리고 동물상을 주로 큰 젖먹이짐승과 작은 젖먹이짐승으로 구분하여 설명하고 있다. 양자의 종수 비율을 보면 58.6%(17종) : 41.4%(12종)이고 마리수 비율을 보면 61.3% : 38.7%여서 종수와 마리수에서 모두 큰 젖먹이짐승이 높은 비율을 보이는데, 그 가운데 큰꽃사슴이 가장 많이 출토되어 이 동물이 검은모루동물상의 대표종(代表種)임을 보여준다(사진 1-9).

한편 작은 젖먹이짐승은 거의가 쥐류(12종 가운데 11종, 소형포유류, 특히 습들쥐·갈밭쥐 등)로서, 대개가 현재 북부 고산지대, 중국 동북부, 시베리아 동남부, 몽골 등지에 분포되어 있는, 대륙공통종들이다. 이러한 쥐류(습들쥐·갈밭쥐 등)는 더운 기후(Ⅳ층)에 앞서 추운 기후(Ⅰ층)에 살던 동물상을 반영하는 것이다.

검은모루유적의 시기는 80년대까지는 중기홍적세의 이른 시기인 60~40만년

사진 1-9. 검은모루 출토 큰꽃사슴 아래턱

전으로 보다가 90년대에 이르러서는 평양 만달리 절골유적의 연대측정값(943, 825±21,802B.P.)과 비교하여 100만년 전으로 올리고 있다.

그러나 검은모루유적에서 출토된 동물화석과 석기들을 주구점 제1지점과 비교하여볼 때, Ⅳ층을 동물상에 나타난 아열대·열대시기인 민델·리스간빙기로, 그리고 이보다 밑에 있는 Ⅰ층을 추운 동물의 시기인 민델빙기로 보는 견해가 합리적일 것 같다.

또한 검은모루유적은 사멸종 비율(29종 중에 18종으로 62%)도 높아서 다른 유적에 비해 시기가 앞서는 것은 확실하지만, 층위의 구분 없이 동물상을 묶어서 보는 점이나 이차퇴적으로 보는 문제 등은 앞으로 더 분석·연구되어야 할 것이다.

* 김신규·김교경, 〈상원 검은모루 구석기시대 유적발굴보고〉, 《고고학자료집》 4, 1974.
* 이융조, 〈구석기유적〉, 《북한의 문화유산》 1, 고려원, 1990.

⑵ 상원 청청암유적

평양시 상원군 상원읍 바람골에 있는 석회암동굴로서 1969~1970년에 걸쳐 발굴되었으며, 동쪽과 남쪽 두 곳에 입구가 있다.

동쪽 입구에 있는 퇴적층은 이미 오래 전에 파괴되었지만, 남쪽 입구는 퇴적층이 잘 보존되어 있어서 6개의 층으로 구분된다.

각 층위에서 동물화석이 출토되는데, 이들의 종적구성은 3목 5과 7속 7종으로 모두 현생종인데, 현재의 우리나라 동물상과 같은 종들이다.

그리고 식육류 1종, 토끼류 1종을 제외하고는 모두 소(우제)목이어서, 이 소류가 그만큼 흔하게 살았음을 알 수 있다. 소류 가운데 사슴과는 전체 화석수의 41.8%, 마리수의 37.5%를 보이고, 식육류에는 큰곰 한 종밖에 없지만 화석수 41.8%, 마리수가 31.1%나 되어 사슴과와 거의 같은 수치를 나타내고 있다.

이러한 동물상의 특징 때문에 이 유적의 연대가 검은모루보다는 늦으나 해상동굴보다는 앞서는 것으로 여겨진다.

이러한 동물화석의 종적구성에 따른 해석과 함께 출토되는 사슴·기제류·곰뼈 등의 콜라겐 함량을 다른 유적과 비교해봐도 연대를 가늠할 수 있다. 그러나 콜라겐 함량 분석치 자료의 출토 층위에 대한 보고가 미흡하여 앞으로 더 많은 연구가 필요하다고 본다.

* 김교경, 〈청청암 및 해상 동굴유적의 발굴보고〉, 《고고학자료집》 4, 1974.

⑶ 상원 독재굴유적

평양시 상원군 중리 독재굴은 지질학적으로 상원계 사당우통 석회암지대에 발달되어 있다. 1966년에 조사된 이 유적은 꽃가루와 고동물화석 자료들을 분석한 결과에 의하면 적어도 3시기의 퇴적층이 발달되었음을 알 수 있다.

꽃가루 분석결과 1, 4, 6, 8, 9층에서 꽃가루가 발견되었다. 먼저 9층에서는 참나무속(*Quercus*), 측백과(*Cupressaceae*), 밤나무속(*Castanea*), 고사리과(*Polypodiaceae*) 등이, 8층에서는 처녀이끼속(*Hymenophyllum*), 측백과(*Cupressaceae*), 오리나무속(*Alnus*), 고비(*Osmunda*) 등이, 4층에서는 홀씨와 소나무과(*Pinaceae*), 느릅나무속(*Ulmus*), 가래나무속(*Juglans*), 오리나무속(*Alnus*) 등의 꽃가루가 발견되었다. 1층에서도 이와 비슷한 양상을 볼 수 있다.

꽃가루 분석의 결과에서 특이한 것은 제4기 고기형 등이 보인다는 점이다. 이 고기형 꽃가루구성은 동굴 입구로부터 18m 깊이의 퇴적층이 적어도 제4기 중기 홍적세(Q$_2$)시기 또는 그 이전 시기에 형성된 지층이라는 것을 말해준다.

꽃가루 분석을 동굴퇴적에서의 층위상의 구분에 사용한 것은 다소 특이한데, 꽃가루의 빈도가 높지 않아서 그 신뢰도는 낮다고 할 수 있다.

* 리상우, 〈평양시 상원군 중리 독재굴유적에 대하여〉, 《조선고고연구》 88-1, 1988.

⑷ 상원 금천유적

평양시 상원군 중리에 위치한 금천동굴은 1966년 발굴조사된 유적이다. 여기서는 슬기슬기사람의 유골이 발견되었는데, 슬기슬기사람의 아래턱뼈·이빨·몸뼈 등으로 봐서 30~35살쯤 되는 남자로 추정된다.

계측을 통하여 보면 금천사람의 이빨은 슬기사람과 비슷한 정도의 큰 이를 가지고 있지만, 작은 어금니의 치관 길이는 현대사람과 같이 퇴화된 특징을 보여준다.

금천사람 아래턱뼈의 이빨을 조사해본 결과 아래턱뼈의 턱구멍 위치가 현대사람과 유사한 것이 특징이었다. 아래턱뼈는 상대적으로 두껍고, 턱불룩이가 형성되었지만 발달이 미약하며, 턱가지는 뚜렷하게 형성되지 않고 비교적 곧추선 원시적인 특징을 가지고 있다. 인류학적으로 이 화석은 슬기사람과 현대사람의 중간 위치에 있으며, 이른 시기의 슬기슬기사람에 속한다고 볼 수 있다.

　　* 장우진・강명광, 〈금천동굴에서 발견된 인류화석〉,《조선고고연구》88-4, 1988.

⑸ 상원 룡곡유적

이 유적은 평양시 상원군 룡곡리에 있으며, 2개의 석회암동굴이 발굴되었다.

① 제1호 동굴(사진 1-10)

1980~1981년에 발굴된 제1호 동굴은 퇴적층이 13개로, 문화층으로는 5개층이 밝혀졌는데, 1~4문화층까지는 구석기시대이고, 5문화층은 신석기시대이다.

각 구석기층에서는 문화행위를 알 수 있는 석기・불자리(화덕자리)와 함께 사람의 머리뼈 화석이 출토되어 훌륭한 연구자료가 되고 있다.

먼저 1문화층(8층)을 보면, 직접떼기와 망치떼기 수법으로 만든 석기는 그 형태가 정형화되지 못하고 종류도 매우 단순하여 구석기시대의 원초적인 특징을 지니고 있다.

2문화층(9층, 그림 1-2)은 1문화층의 문화성격과 비슷하나, 망치떼기를 더 많이 이용하였고 톱니날석기가 있음이 주목된다. 3문화층(10층)에서는 간접떼기수법인 눌러떼기수법이 쓰인 점, 4문화층(11층)에서는 격지석기가 많은 점이 특징이다.

화덕자리는 2~4문화층에서 모두 12개가 발견되어서, 오랜 기간 동안 이 동굴에서 삶의 터전이 이루어졌음을 알 수 있다.

사람뼈 자료로는 머리・아래・위팔・몸통・엉덩・넓적다리 등 10사람분에 해당하는 많은 사람뼈화석이 발견되었는데, 옛사람의 진화과정을 이해하는 데 매

사진 1-10. 룡곡 제1호 동굴 전경

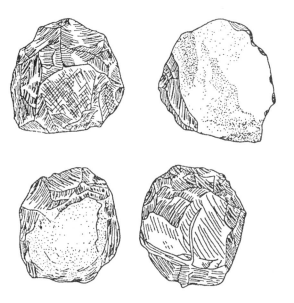

그림 1-2. 룡곡 제1호 동굴 2문화층 석기

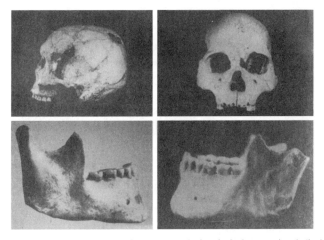

사진 1-11. 룡곡 제1호 동굴 출토 룡곡사람 머리뼈(7호)와 아래턱(6·2호)

우 중요한 자료이기 때문에 '룡곡사람'이라고 명명하였다.

　그 가운데 2문화층에서 출토된 보존 상태가 좋은 제7호 머리뼈는 외형적인 특징으로 보아서 35살 정도의 남자로 추정된다. 머리뼈는 길이 190mm, 너비 132mm, 지수 69.7로 장두형에 속하며, 뇌부피는 1,450cc쯤 된다(사진 1-11).

사진 1-12. 룡곡 제2호 동굴 전경

제1호 아래턱은 2문화층에서 출토되었는데, 이빨의 닳은 정도와 형태상의 특징으로 봐서 50살쯤의 여자로 추정된다. 아래턱의 기울기는 86°로 북경사람(59~60.5°)과 네안데르탈사람(65~70.5°)보다 크고, 현대인(77~94°)보다 작다.

3문화층에서 출토된 제3호 머리뼈는 길이 204mm, 너비 142mm, 지수 69.7로 장두형이며, 부피는 1,650cc쯤 된다. 윗머리뼈는 곧은 길이 130.2mm, 굽은 길이 138.6mm, 지수 93.8인데 이는 북경사람과 슬기사람의 중간에 해당한다.

제1호 동굴에서는 6목 14과 22속 24종의 동물화석과 2과 4속 4종의 연체동물화석이 확인되었다.

짐승을 큰 짐승과 작은 짐승으로 나누면, 큰 짐승은 식육류와 우제류가 71%를 차지하고 있어서 검은모루유적의 짐승 구성과 공통점이 많다. 북한의 학자들은 큰갈밭쥐를 중국의 남전·주구점 제1지점과 서로 비교하고 있다. 또한 강안리와 승리산유적의 현생말·덕천말과 룡곡말을 비교하여 룡곡 2문화층의 시기를 중기 홍적세 중기~후기로 설정하고 있다.

② 제2호 동굴

제2호 동굴(사진 1-12)은 1호 동굴에서 동쪽으로 2km 떨어진 '핵골'에 있으며, 제1호 동굴과 함께 발굴되었다.

룡곡 제1호·제2호 동굴의 연구는 다른 유적보다 더 나은 고고학적인 연구성과를 보이고 있다.

우선 퇴적층·꽃가루·동물상·사람뼈·연대측정 등과 같은 과학적 방법을 이용하여 각 층위에 대한 보다 고고학적인 해석을 하였다.

여기서는 규석과 석영 등을 직접떼기로 만든 15점의 석기가 출토되었다. 그러나 석기에 관해서 각기 층위와 유물별로 고찰하기는 하였지만, 초보적인 수준을 벗어나지 못한 상태이고, 또한 각 문화층에 따른 비교연구와 검토가 뒤따르지 못한 아쉬움이 있다.

* 김일성종합대학 인류진화발전사연구실,《룡곡동굴유적》(김일성 종합대학출판사), 1986

(6) 승호 화천동유적

평양시 승호구역 화천동 돌고개산에 있는 이 석회암 동굴유적은 100×70m 범위에 6개의 수직굴과 3개의 수평굴이 있으나, 대부분 석회암을 캐내는 과정에서 파괴되었다. 동물화석은 6개의 수직굴 가운데 1~3호 수직굴에서 나타나지만, 대표적인 동굴은 2호굴이다.

1977년에 발굴된 2호굴은 퇴적층과 동물화석이 잘 보존되어 있다. 퇴적층의 두께는 21.5m로, 겉층(5m)과 화석포함층(16.5m)으로 크게 나뉜다. 겉층은 붉은 진흙층으로 짐승화석이 없고, 화석포함층은 다시 4개의 층으로 구분된다.

동물화석의 종적구성은 6목 12과 20속 22종인데, 큰 젖먹이짐승류가 13종(59.1%)이고 작은 젖먹이짐승류가 9종(40.9%)으로 작은 젖먹이짐승류가 상대적으

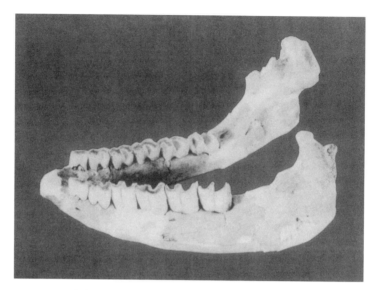

사진 1-13. 화천동 출토 큰 쌍코뿔이 아래턱

로 높은 비율을 보이고 있다. 그러나 층위나 화석 출토지를 명확하게 서술하지 않아서 전체 동물상에 대한 더 이상의 분석은 하기 어렵다.

사멸종은 큰쌍코뿔이와 물소 2종(9.1%)뿐이고 대부분이 현생종이어서, 이 유적의 한 특징으로 이해할 수 있다(사진 1-13).

그런데 2호굴에서 발견된 화덕자리는 길이 50~60cm정도의 둥근 형태로 숯층의 두께가 10cm 안팎이며, 여기에 타다 남은 사슴뼈가 발견된 점으로 봐서 당시 사람들이 문화행위를 하였던 것으로 여겨진다.

보고자는 이 유적의 시기를 대현동보다는 늦으나 승리산보다는 이른 시기인 중기 홍적세의 비교적 늦은 시기로 밝히고 있다.

* 김신규·백기하·장우진·서국태, 〈승호구역 화천동유적에서 드러난 화석 포유동물상〉,《평양부근 동굴유적 발굴보고》(과학백과사전출판사), 1985.

(7) 승호 3호동굴유적

평양시 승호구역에 있는 승호 3호동굴은 석회암 동굴유적으로 1984년도에 발굴되었으며, 크게 4개의 층위로 구분된다. 맨 위층(검은모래질 찰흙층)에서는 동굴하이에나(*Crocruta Ultima* M.) 화석이, 2층 붉은 찰흙층에서는 동굴하이에나와 함께 새로운 유형의 만달짧은턱하이에나(*H.brevirostris mandalensis* K.) 화석이 발굴되었다. 만달짧은턱하이에나는 이빨의 구조와 전체 형태로 봐서 상원짧은턱하이에나(*H.brevirostris, sangwonensis*)보다 발달되었으며, 동굴하이에나에 비해서는 원시적인 특징을 가지고 있다.

이러한 특징을 통해서 전기부터 중기 홍적세까지는 상원짧은턱하이에나가, 전기 홍적세 중기에서 후기까지 만달짧은턱하이에나가 살았으며, 그 이후인 후기 홍적세 말까지는 동굴하이에나가 살았다는 사실을 알 수 있다. 따라서 홍적세 전기에서부터 중기 홍적세 후기까지를 상원짧은턱하이에나와 만달짧은턱하이에나가 대표하는 시기로 구분할 수 있으며, 제4기의 층서를 더 세분할 수 있는 가능성을 확보하게 되었다.

* 김신규, 〈승호 제3동굴에서 새로 알려진 만달짧은턱히에나에 대하여〉, 《조선고고연구》 87-4, 1987.

⑻ 평양 만달리유적

평양시 승호구역 만달리에 있는 반달모양의 석회암 동굴인 이 유적은 1979~1980년에 2차례 걸쳐 발굴되었다(사진 1-14).

층위는 크게 위층·가운데층·아래층으로 구분되며, 가운데층에 있는 후기 구석기문화층에서는 '만달사람'으로 명명된 사람의 머리·아래턱·엉덩·위팔·넓적다리 등 비교적 많은 뼈대와 뼈연모·석기·동물화석 등이 출토되었다.

20~30살쯤의 남자로 밝혀진 만달사람의 머리뼈는 길이 201mm, 너비 146mm, 머리뼈 지수는 72.6으로 전형적인 장두형에 속한다. 눈두덩은 상당히 발달되었으며, 양쪽 눈두덩의 안쪽 모서리는 아래쪽을 향하면서 서로 이어져 꽤 두텁다.

이마의 경사는 비교적 급하고 앞머리뼈의 옆모습은 활등선을 그리며 기울기 지수는 82.4로서 오늘날의 사람(86.0)과 비슷하다.

이러한 특징은 많은 점에서 우리 겨레의 특징들과 같아서 그 뿌리를 찾는 데 도움을 주고 있다.

이 유적에서 출토된 중요한 또 다른 자료는 만달사람이 만든 석기이다. 석기는 모두 13점인데, 그중 흑요석(사진 1-15, 그림 1-3)이 7점·규암이 1점으로, 모두 8점이 좀돌날몸돌[細石刃核]이다.

쐐기를 대고 대개 5cm 미만의 크기에 너비가 3~5mm 가량 되는 좀돌날을

사진 1-14. 만달리유적 전경·동굴 내부

5~8개 정도 떼어낸 좀돌날몸돌은 암질이 좋은 돌감을 골라서 원통모양과 긴 사다리꼴 등으로 만들었다.

제작수법상 단양 수양개 좀돌날몸돌 III형식과 매우 흡사한 것으로 봐서 그 시기는 15,000년 전 전후로 볼 수 있는데, 북한의 학자들은 최초 보고(1985년)에서 2만년 전으로 추정하였으나, 최근에는 중석기시대로 보는 견해를 제시하기도

사진 1-15. 만달리 출토 흑요석 좀돌날몸돌과 뼈연모

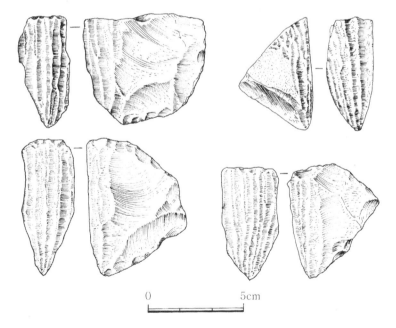

0   5cm

그림 1-3. 만달리 출토 흑요석 좀돌날몸돌

하였다.

* 김신규·백기하·장우진·서국태, 〈승호구역 만달리 동굴유적 발굴보고〉, 《평양부근 동굴유 적 발굴보고》(유적발굴보고 14, 과학백과사전출판사), 1985.

* 서국태, 〈만달리동굴 유적의 석기에 대하여〉, 《조선고고연구》 87-2, 1987.

* 이융조·윤용현, 〈한국좀돌날몸돌의 연구―수양개수법과의 비교를 중심으로〉, 《선사문화》 2 (충북대학교 선사문화연구소), 1994.

* 과학백과사전종합출판사, 《조선전사(원시편)》 1, 1991.

(9) 력포 대현동유적

평양시 력포구역 대현동 유적에 있는 이 유적은 길이 9m의 작은 석회암동굴 로 1977년에 발굴되었다(사진 1-16).

퇴적층위는 3개로 구분되며, 2층 밑바닥에서 발굴된 력포사람의 화석은 7~8 살 쯤 되는 어린아이로서, 체질인류학적인 특징을 보면 슬기사람으로 해석된다.

앞머리·윗머리·옆머리의 뼈 등이 서로 흩어진 채 발견되었지만 같은 사람 의 것으로 밝혀졌으며 화석화 정도는 매우 좋다. 이마는 넓고 앞머리뼈는 낮으 며, 눈두덩 불루기는 매우 발달되어 눈썹사이·눈두덩·눈확 바깥 삼각부가 서 로 구분되지 않고 하나로 이루어진 특징을 가지고 있다(사진 1-17).

사진 1-16. 대현동유적 전경

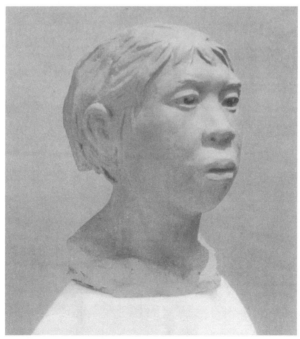

사진 1-17. 대현동 력포사람 머리뼈와 복원 모습

눈썹사이 지수는 22.6, 윗머리뼈의 곧은 길이는 102.5mm, 굽은 길이는 112.0mm, 굽은 지수는 93.2로 슬기사람(93.0)과 비슷하다.

동물화석의 종적구성은 4목 12과 12속 22종이며, 사멸종은 큰쌍코뿔이 등 10종으로 45.4%를 차지하여 꽤 높은 편이다. 이 유적의 연대는 사멸종의 비율, 대현말과 해리화석의 출토관계, 기제류의 비율을 고려해볼 때 검은모루나 주구점 제1지점의 동물상과 상당히 친근성이 있는 것으로 보이며, 중기 홍적세의 이른 시기로 편년하고 있다.

  * 김신규 · 백기하 · 장우진 · 서국태, 〈력포구역 대현동유적발굴보고〉, 《평양부근 동굴유적 발굴보고》(과학백과사전출판사), 1985.

(10) 순천 장선유적

이 유적은 석회암이 발달되어 있는 평남 순천시 장선동에 위치하며, 1966년에 발굴되었다.

장선유적에서 드러난 동물화석은 3목 5과 9속 10종에 이르는데, 큰곰 · 오소리 · 큰쌍코뿔이 · 노루 · 사슴 등이 출토되었다.

이러한 동물 가운데 주된 짐승은 사슴과 짐승을 비롯한 우제류와 식육류이며, 사멸종은 3종(큰쌍코뿔이 · 큰뿔사슴 · 반나귀)으로서 30%의 비율을 차지한다.

퇴적층에 관해서는 설명이 없어서 유적의 시기를 고찰하기에는 어려움이 있다.

  * 김신규, 〈순천시 장선동굴에서 드러난 포유동물화석〉, 《조선고고연구》 91-2, 1991.

(11) 덕천 승리산유적

승리산유적은 평남 덕천군 승리산에 있는 석회암 동굴로 1972~1973년에 발굴되었다(사진 1-18).

유적의 지층퇴적 원인을 I~V층까지는 물에 의한 것으로, VI층은 석회암이 풍화되어 낙반된 것으로 해석하고 있다.

'기본화석층'(V층)은 큰 석회암 덩어리들이 많이 섞인 모래층으로, 곰 · 털코끼리 · 코뿔이 · 말 · 사슴 등의 큰화석들이 출토되었으며, 기본화석층 아래의 적갈색 자갈층(IV층)에서는 사슴 · 큰쌍코뿔이 · 동굴하이에나 등이 출토되었다.

사람을 포함한 종적구성은 6목 14과 25속 31종 2아종으로 모두 젖먹이동물만을 분류하였다. 짐승종 가운데 큰 젖먹이짐승류는 28종(93%), 작은 젖먹이짐승류

사진 1-18. 승리산유적 전경

는 2종(7%)으로 나타난다. 그러나 더운 시기의 동물인 쌍코뿔이가 출토되는 적
갈색 자갈층(IV)과 추운 동물인 털코끼리가 있는 기본화석층이 같이 보고되었기
때문에, 전체의 종적구성을 파악하기는 어렵다.

　사람뼈는 슬기사람 계통의 '덕천사람'과 슬기슬기사람계통의 '승리산사람'이
출토되었는데, 2개의 층위에서 2종류의 사람뼈가 발굴되어 주목된다.

　우리나라에서 발굴로는 처음인 덕천사람은 어금니(M_1, ^2M)와 어깨뼈의 3부분
이 나왔는데, 동굴하이에나와 함께 출토되었다는 보고를 참고할 때 그곳이 적갈
색자갈층(IV층)임을 알 수 있다.

　그 위층인 기본화석층(V층)에서 출토된 것으로 보이는 승리산사람의 아래턱을
거의 손상 없이 양호한 상태로 발굴되었다. 이 아래턱의 길이는 현대인과 크게
차이가 없는 76.0mm이지만, 너비는 114.0mm로 현대인(103mm)보다 크다.

　이 유적의 시기에 대한 해석에는 여러 가지 견해가 제시되었다. 이러한 견해
중 2개 층을 같이 넣어 중기 홍적세 말기 또는 후기 홍적세 초로, 덕천사람의
층을 10만여 년 전, 승리산사람의 층을 4~3만년 전으로 보는 견해가 있으나, 2
개 층을 구분하여 IV층을 후기 홍적세 초기(또는 10만여 년 전), V층을 후기 홍
적세 중기~말기(또는 4~3만년 전)로 보는 것이 좋을 것이다.

* 사회과학원 고고학연구소 자연사연구실, 〈덕천 승리산유적 발굴보고〉(유적발굴보고 11집, 과학백과사전출판사), 1978.
* 김교경, 〈덕천승리산유적의 년대에 대하여〉, 《고고민속론문집》 7(과학백과사전출판사), 1979.

2) 기타

(1) 평산 해상유적

이 해상유적은 황해 평산군 해상리 회골에 있는 용식동굴로서 예성강의 샛강인 해상강가에 있으며, 1969~1970년에 조사되었다.

해상동굴의 퇴적층은 2개로 구분하고 있는데, 뼈화석은 모래질 찰흙층(아래층)에서만 출토되었다.

동물화석의 종적구성은 3목 7과 12종으로 모두 젖먹이짐승이고, 쥐목 1종을 제외하고는 소목(5종)과 식육목(6종)이다. 이 가운데 가장 많은 것은 소목이며, 그중에서도 사슴과 짐승이 높은 비율(전체 화석수의 80.2%, 마리수의 58.9%)을 차지한다.

해상동굴의 시기는, 해상동굴이 청청암과 같이 현생종만 있다는 점, 검은모루나 청청암에 비하여 소목 가운데 사슴과의 비율이 현저히 높다는 점, 뼈의 화석도가 청청암보다는 덜 되었으나 강안리보다는 잘 되었다는 점 등에 근거하여, 청청암보다는 늦으나 강안리 보다는 앞서는 중기 홍적세 말기로 보고 있다.

* 김교경, 〈청청암 및 해상동굴유적 발굴보고〉, 《고고학자료집》 4, 1974.

(2) 금야 굴재덕유적

금야 굴재덕유적은 함남 금야군 온정리 고바위골의 해발 50m 야산줄기에 2개의 동굴로 이루어져 있는데, 1986~1987년에 발굴되었다.

1호 동굴에서는 큰쌍코뿔이(검붉은 찰흙층)가, 2호 동굴에서는 3층과 5층에서 큰곰·동굴하이에나·큰쌍코뿔이·원숭이 등의 동물화석이 출토되었는데, 층위를 구분하지 않고 화석만을 소개하고 있어서 유적의 성격과 시기를 규명하는 데 어려움을 주고 있다.

* 리애경, 〈금야군 온정리 굴재덕동굴에서 드러난 포유동물화석〉, 《조선고고연구》 89-1, 1989.

2. 한데유적

1) 두만강유역

(1) 온성 강안리(종성 동관진)유적

함북 온성군 상삼봉에서 철도공사(1935년)를 하던 중 발견된 이 유적은 9종의 동물화석에 대한 보고와 함께 그 해에 발굴되었다(사진 1-19). 이것은 우리나라 구석기 인류의 유물에 대한 첫번째 유적이었으나, 일제의 식민사관으로 인하여 부정되고 말았다. 이와 같은 논리는 광복 이후에도 계속되었다.

퇴적층은 6개로 1황토층(2층)의 밑부분에서 하이에나·털코끼리·코뿔이·사슴·첫소 등의 뼈화석과 함께 흑요석으로 된 석기(2점)와 뼈연모(4점)가 나와 구석기시대 문화층으로 추정하고 있다(그림 1-4).

흑색 황토층(blackish loess, 3층)에서는 땅쥐·다람쥐·말사슴의 뿔 등이 출토되었지만, 2황토층(4층)에서는 어떠한 유물도 출토되지 않았다.

짐승의 종적구성은 6목 10과 12속 18종 3아종으로, 사멸종은 동관진하이에나·하이에나·큰뿔사슴·첫소·털코뿔이·옛털코뿔이 등 33%나 된다.

최근에 북한 학자들은 '강안리(동관진) 동물상'이라는 이름으로 이 유적의 동물상에 대하여 특별한 의미를 주고 있다.

이 유적은 우리나라의 문화를 구석기문화가지로 보는 첫 유적이라는 점에서 중요한 의미가 있겠으며, 앞으로 여기에 대한 보다 깊은 고고학적인 해석이 기

사진 1-19. 강안리유적 발굴 모습

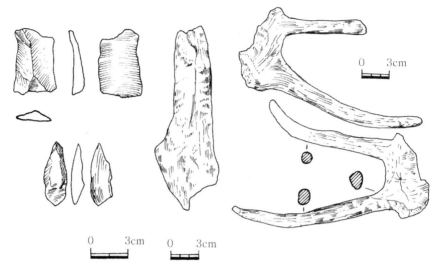

그림 1-4. 강안리 출토 석기와 뼈연모

대된다.

* 直良信夫, 〈朝鮮 潼關鎭發掘 舊石器時代의 遺物에 대하여〉, 《第1次 滿蒙學術調査 研究團報告》 6-3, 1940.
* 사회과학원 력사연구소, 《조선전사》 1 (과학백과사전출판사), 1979.
* 이융조, 〈고구려영토안의 구석기문화〉, 《동방학지》 30, 1983.

(2) 선봉(웅기) 굴포리유적

함북 선봉군 굴포리유적은 신석기시대 조개더미 아래층(V층, 붉은 찰흙층)에서 밀개 1점이 발견된 것을 계기로 1963~1964년까지 3차에 걸쳐 발굴이 이루어진 곳인데, 여기서 2개의 구석기 문화층을 확인하였다(사진 1-20).

이 유적의 조사로 북한에서의 구석기 연구가 시작되었고 또한 활기를 띠게 되었다.

굴포리유적의 층위는 크게 7개로 나뉘며, 그 가운데 구석기문화층은 붉은 찰흙층(V층)과 굳은 찰흙층(VI층)의 두 층이다.

VI층(굴포문화 I기)에서는 3차에 걸친 발굴로 막집터와 석기제작소를 확인하였다(사진 1-21). 긴 네모꼴의 막집터(11.5×8m)에서는 막을 눌러놓은 것으로 보이는 큰 돌과 작은 돌들이 발굴되었으며, 이곳에 윗면이 편평하고 큰 모룻돌 주위

사진 1-20. 굴포리유적 전경

사진 1-21. 굴포리 I기 화덕자리

에 석영 격지들이 50여점이나 널려 있어서, 이 모룻돌에 부딪쳐떼기·내려치기
와 외날수법 등을 사용하여 석기를 만들었음을 알 수 있다.

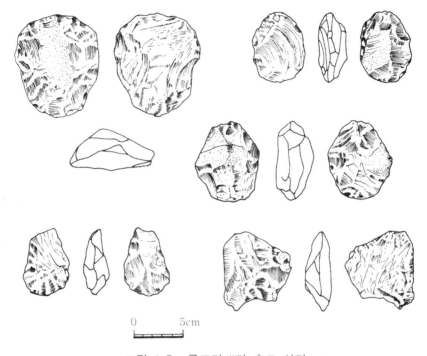

0   5cm

그림 1-5. 굴포리 II기 출토 석기

V층(굴포문화 II기)에서는 주먹도끼·찍개·밀개·긁개 등이 출토되었다(그림 1-5). 격지는 모룻돌에 부딪쳐떼기로 떼어내고 잔손질을 많이 하였으며, 주먹도끼는 안팎날떼기로 만들었다. 또한 내려치기와 같은 직접떼기, 그리고 눌러떼기와 같은 간접떼기 수법 등이 같이 쓰였음을 알 수 있다.

그런데 발굴된 지 10여 년이 지나 간행한 종합보고서를 보면, 연구 수준이 제자리에 머물러 있고, 아울러 퇴적층의 분석과 자연환경 연구가 전혀 진전되지 못하였음을 알 수 있다.

그럼에도 이 유적의 발굴은 우리 손으로 처음 이루어졌다는 점과 문화층위 개념, 문화해석에 대한 뚜렷한 기준을 마련했다는 점에서 그 학사적 의의는 크다고 할 수 있다.

* 고고학 및 민속학연구실, 〈함경북도 웅기군 굴포리 서포항동에서 구석기시대유적 발견〉, 《고고민속》 63-2, 1963.
* 도유호, 〈조선의 구석기시대문화인 굴포문화에 대하여〉, 《고고민속》 64-2, 1964.
* 김용간·서국태, 〈서포항 원시유적발굴보고〉, 《고고민속논문집》 4, 1972.

사진 1-22. 장덕리유적 전경과 털코끼리의 위턱 셋째 어금니

2) 기타

(1) 화대 장덕리유적

이 유적은 1961년 함북 화대군 장덕리 뻘늪골에서 이탄을 채취하던 도중에 털코끼리뼈가 나온 것을 계기로 그 이듬해에 발굴되었다(사진 1-22).

이 곳은 길주~명천 지구대에 속하며, 현무암의 대지 위에 이탄층이 발달해 있다.

발굴은 300㎡ 이상의 넓은 면적에서 이루어졌으나, 평면도를 싣지 않아서 유구의 대부분은 알 수 없다. 다만 Ⅱ호와 Ⅲ호 구덩이에서 최소 2개체 분의 털코끼리 뼈가 출토된 것을 확인할 수 있을 따름이다.

여기서는 연모가 출토되지 않았고, 이곳이 소택지라는 것을 감안할 때 털코끼리의 사인은 자연사일 수도 있다. 그렇다고 하더라도 털코끼리는 리스빙기 이전부터 뷔름빙기까지 추운기후에 살다가 후빙기 이후에 멸종된 것으로 밝혀져, 홍적세 동물상 연구에 중요한 자료가 된다.

이탄층의 꽃가루 분석 결과 이 지역에는 북부 식물상, 특히 고산식물대에서만 있는 식물종 등과 같거나 유사한 것들이 많은데, 그 예로 북위 50° 정도의 흑룡강유역에서 잘 자라는 소나무(Pinus siberica[Rupr.] Mayr)를 들 수 있다. 그리고 식생은 침엽수가 많고 활엽수가 다소 섞인 혼합림이었으며, 기후도 현재보다 한랭하고 다소 습한 기후였다고 추정하고 있다.

이러한 자료로 봐서 이 유적의 시기는 털코끼리가 있었던 후기 홍적세 후기(뷔름 빙기)인 것으로 해석된다.

* 김신규, 〈함경북도 화대군에서 털코끼리(맘모스)의 유골을 발견〉, 《문화유산》 62-2, 1962.
* 로영대, 〈함북 화대군 털코끼리 발굴지에 발달한 니탄층의 포자화분조합〉, 《문화유산》 62-4, 1962.
* 박준석·최현모, 〈털코끼리가 발견된 함북 화대군 장덕리 4기층의 층서와 고지리적 환경에 대한 고찰〉, 《문화유산》 62-4, 1962.

III. 연구의 과제와 전망

1. 구석기문화의 해석과 층위문제

북한 구석기 연구의 방향과 문제점은, 주로 북한의 구석기학자들이 동굴유적을 조사하였다는 점에서 살펴보면 더욱 확실하게 나타난다.

처음으로 조사된 상원 검은모루동굴의 경우를 보면, 모두 5개로 구분된 층위 가운데 2개의 층에서 뼈화석이 출토되고 있으며, 석기는 제4구 IV층에서만 출토되고 있다. 그 때문에, 결과보고서가 중간보고서와 연결되어 보다 나은 연구결과를 제시하여야 함에도 불구하고, 그 분석은 옛 짐승에 관해서만 집중되어 있고 석기에 대한 고찰이 배제되어 있다.

게다가 바로 석기가 출토된 IV층은 더운 짐승과 큰 짐승이 특징을 이루고, I

층은 추운 짐승과 작은 짐승이 있다는 보고서의 내용에 비하여, 짐승의 종적구성에서는 IV층과 I층의 동물 화석을 모두 섞어 소개하는 바람에 문화 해석에 큰 혼동을 빚게 한다.

이것은 앞서 조사된 굴포리유적에서 층위와 문화를 I기와 II기로 구별하여 문화 해석을 시도하였던 것보다 훨씬 많은 문제점을 지니고 있다.

이렇게 구석기 연구에서 가장 기본적인 층위 구분은 그 뒤에 조사된 상원 청청암·평산 해상에서도 제대로 이루어지지 못하였다. 그러한 점들이 이들 보고서가 가지고 있는 큰 문제점으로 지적되어야 하겠으며, 이것은 덕천 승리산유적의 발굴보고서를 살펴보면 더욱 두드러진다.

승리산유적의 발굴보고서(1978년)는 방대한 양으로 발표되었음에도 불구하고, 층위단면도·평면도가 없으며 덕천사람이 발굴된 층에 대한 분석과 층위구분에도 모호한 점이 발견된다. 여기에서도 사람이 살았고 짐승을 사냥한 문화행위가 있었다면 이에 대한 분석과 연구가 있어야 할텐데, 그러한 면을 볼 수가 없다. 석기나 뼈연모의 출토·분석에 대한 언급도 없고, 단지 그들이 지금까지의 연구방향으로 삼았던 문화단계-옛짐승-사람뼈 등에 관한 설명으로 일관하고 있다.

또한 이 보고서에서는 IV층과 V층에서 발굴된 29종의 뼈화석들이 층위의 구분 없이 섞인 채 분석되고 있어서, 승리산유적의 동물상을 중기 홍적세말~후기 홍적세초로 보던 종래의 해석과는 단지 '10만여 년 전'이라는 보다 구체적인 연대의 제시에서만 차이가 날 뿐이다.

그 뒤에 발표된 연구에서는 짐승의 화석수와 마리수까지 계산하는 새로운 연구방법이 제시되고 있으며, 그 다음의 력포구역 대현동 보고서나 승호구역 화천동 보고서에서도 거의 같은 수준을 보이고 있다. 그렇지만 보고서의 기본자료인 단면도·평면도나 유물의 출토상태에 대한 설명이 없이 바로 동물화석과 사람뼈에 대해서만 분석하고, 사람·문화로 연결되는 문화행위·연모에 대한 언급이 없어서 해석을 어렵게 한다.

그나마 같은 책에 실려 있는 승호구역 만달리 보고서는 다른 연구와는 차별성이 있어서 다행이다. 비록 평면도나 층위구분에 대한 보고내용이 없어서 해석의 어려운 점은 계속 남아 있다고 해도, 이 보고서는 출토유물에 대하여 각기 층위에 따른 분석을 하고 있어서 가장 기본적인 고고학적 갈증을 풀어주고 있다. 겉층-신석기시대층, 가운데층-후기 구석기시대층, 밑층-후기 홍적세 초기층으로 보는 견해의 제시와 함께, 각 층위에 따른 동물상과 화석수-마리수를 통하여 보다 구체적으로 동물고고학의 방법에서 접근하고자 한 것이 다른 유적의 보고서보다 더 나은 연구 수준임을 보여주고 있다.

특히 여기서 주목되는 사실은 만달사람층에서 석기와 함께 출토된 뼈연모를 보다 적극적으로 관찰·분석하여 보고하고 있다는 점이다. 비록 10여 점의 뼈연모를 갈기(grinding)에만 한정하여 간략하게 설명한 것이지만, 북한 구석기연구에서 뼈연모를 찾아 구별할 수 있게 되었다는 점에서 주목된다.

1980년대를 기점으로 주체사상이 보다 확립된 분위기 속에서 구석기 연구가 활발하게 이루어졌는데, 그 전환점을 이루는 유적이 상원 룡곡동굴이다. 이 유적부터는 조사의 주체가 이전의 고고학연구소에서 김일성종합대학 인류진화발전사 연구실로 바뀌었고, 유적의 발굴보고에서도 석기·동물상과 식물상·사람·퇴적층의 분석 등이 이루어지고 있다.

또한 절대연대측정법을 시도하여 열형광 측정법(TL)으로 8층의 연대를 50만~48만년 전으로, 9층을 46만~40만년 전으로 발표하였으나, 그 뒤에 행한 열형광 측정법과 우라늄계열 측정법으로는 4.6만~11만년 전으로 나타나, 절대연대측정의 방법과 기술상의 문제를 드러내고 있다. 아울러 같이 출토된 사람뼈 화석으로 본 해석으로 슬기슬기사람과 동·식물상·석기의 분류로 중기·후기 구석기문화로 주장되기도 한다.

이러한 연구 자세와 방법은 이미 발굴된 유적의 유물을 포함하여 앞으로 다른 유적의 유물들과 비교연구가 진행될 때에 좋은 성과를 얻을 수 있을 것으로 기대된다.

2. 고동물학·고인류학의 연구와 배경

북한에서의 동물뼈에 관한 연구는 궁산유적에서 출토된 자료를 중국과학원 배문중 박사가 감정한 것이 처음이었으나, 그 뒤로 북한의 학자들이 미송리동굴유적에서 발견한 짐승뼈에 대한 보고를 하면서 옛 짐승에 대한 연구가 독자적으로 이루어졌다. 이러한 연구는 구석기시대의 여러 석회암동굴에서 발굴된 많은 동물뼈 화석 자료들로 확대되는데, 상원 검은모루유적에서부터 구석기의 동물화석을 다루게 되는 계기가 되었다.

검은모루유적의 중간보고서에는 퇴적층·동물화석·석기 등으로 구분하여 연구되었지만, 종합보고서에서는 거의 전부가 동물화석으로만 되어 있다. 여기에서는 동물화석에 대한 더욱 수준 높은 연구가 진행되어 신종(新種)의 학명에 그들의 이름을 붙일 수 있는 배경이 되었다. 이 연구결과는 뒤이어서 출판된 개설서《조선의 구석기시대》의 1977년 판과 1984년 판에 그대로 이용되고 있다.

고인류에 대한 연구 역시 활발히 진행되어《조선사람의 기원에 관한 인류학적 연구》(1978)와《조선사람의 기원》(1989)과 같은 단행본이 간행되었는데, 이러한 사실은 이 분야의 연구에 관한 관심과 학문적인 수준을 가늠하는 데에 좋은 자료가 된다.

그러나 이들 연구에서는 체질인류학의 가장 기본적인 계측방법이 명시되어 있지 않고 러시아 학자와 마틴(Martin)의 재기 방법이 함께 쓰여서 통일성을 결하고 있기 때문에 서로의 비교연구가 상당히 어렵다. 또한 글에 쓰이는 우리말 용어에서도 세계공통어로 쓰이는 원어가 처음부터 생략되어 있기 때문에 계측치 등과 같은 자료해석에 어려움을 더하고 있다.

이러한 문제점들이 있음에도 불구하고, 고인류에 대한 북한 학자의 연구가 1960년대 초부터 지속적으로 상당한 수준에 있기 때문에, 앞으로의 연구를 크게 기대해볼 만하다.

3. 자연환경연구

구석기시대와 그 문화를 연구하는 데에 가장 기본적인 연구방법 중의 하나는 당시 사람들이 살았던 자연환경의 연구라고 하겠다.

이러한 점에서 1962년도에 발표된 화대 장덕리유적의 연구결과는 당시의 수준으로는 놀라울 만한 업적이라고 해도 좋을 것이다. 동물 화석·고(古)지리·꽃가루 등의 연구는 초기의 수준을 넘어서는 종합보고로서, 당시의 자연환경연구 수준을 잘 보여주고 있다.

그런데 굴포리유적을 조사한 이후 지금까지 많은 발굴조사가 있었음에도 동물 화석을 제외한 꽃가루 분석이나 층위·퇴적층 분석과 같은 연구방법은 거의 시도되지 못하였다.

우선 꽃가루 분석만 보아도 장덕리유적조사 이후에는 거의 실시되지 않다가, 최근 상원 룡곡유적과 독재굴의 발굴보고서에서야 다시 시도되고 있다. 꽃가루 분석과 동물 화석 자료를 함께 분석한다면 보다 자연과학적인 접근이 가능할 것으로 기대되며, 여기에 퇴적층분석까지 이루어진다면 훌륭한 성과가 나오지 않을까 생각한다.

최근에는 전자스핀공명 연대측정방법이 소개되고, 실제 이 방법을 이용하여 상원 검은모루유적보다 발달된 승호 절골동굴의 코뿔이 이빨에서 100만년 전의 연대를 얻게 되었다. 이어서 우라늄계열 등의 동위원소 연대측정방법으로 유적 층위의 자료들을 분석하고 있다.

이러한 연구는 1980년대 중반을 기점으로 그들이 주장하는 주체사상 확립의 차원에서 여러 과학적인 분석 방법을 구석기시대연구에 활발하게 적용하는 방향으로 나아가게 된다.

위에서 제시한 여러 사항들을 우리의 구석기연구와 연결시켜서 여기에 따른 문화적 해석의 접근이 보다 빨리 이루어지기를 기대한다.

주

1) 이융조, 〈구석기시대〉, 《한국사론》 1,(국사편찬위원회편), 1978.
2) 김정학, 〈한국에 있어서의 구석기문화의 문제〉, 《고려대학교 문리논집》 3, 1958 : 고고학 및 민속학 연구소, 〈용어해설 : 구석기시대〉, 《문화유산》 58-5호, 1958. 이 글들에서는 강안리유적에서 멸종된 동물화석의 출토와 우리의 주변지역에 많은 구석기유적이 있는 점을 들어 우리나라에서도 구석기유적이 존재할 가능성을 제시하고 있다.
3) 김신규, 〈함경북도 화대군에서 털코끼리(맘모스)의 유골을 발견〉, 《문화유산》 62-2호, 1962 : 박준석·최현모, 〈털코끼리가 발견된 함북 화대군 장덕리 4기층의 층서와 고지리적 환경에 대한 고찰〉, 《문화유산》 62-4호, 1962.
4) 고고학 및 민속학 연구소, 〈함경북도 웅기군 굴포리 서포항동에서 구석기시대 유적 발견〉, 《고고민속》 2, 1963.
5) 도유호, 〈조선의 구석기문화인 굴포문화에 관하여〉, 《고고민속》 2, 1964 : 도유호·김용남, 〈굴포문화에 관한 그후 소식〉, 《고고민속》 65-1호, 1965 : 도유호·김용남, 〈우리나라 구석기 시대와 이른 신석기시대의 년대론에 대하여〉, 《력사과학》 64-5호, 1964.
6) 이융조, 〈북한의 구석기 연구성과와 분석〉, 《국사관 논총》 29(국사편찬위원회편), 1991.
7) 김신규·김교경, 〈상원 검은모루 구석기시대 유적발굴보고〉, 《고고학자료집》 4, 1974.

8) 이용조, 〈고구려영토안의 구석기문화〉, 《東方學志》 30, 1982 : 〈구석기시대 : 편년〉, 《韓國史論》 12 (국사편찬위원회편), 1983 : 〈한국 구석기시대의 동물상〉, 《韓國考古學報》 19, 1986 : 〈구석기유적〉, 《북한의 문화유산》 1, 고려원, 1990.

9) 김신규 외, 《평양부근 동굴유적 발굴보고》(유적발굴보고 14집), 1985.

10) 김용간, 《조선 고고학 전서 : 원시편(석기시대)》(과학백과사전종합출판사), 1990 : 력사연구소·고고학연구소, 《조선전사 1(원시편)》(제2판), 1991 : 한창균, 〈북한의 구석기 문화 연구 30년〉, 《북한의 고대사 연구와 성과》(대륙연구소), 1994.

11) 고고학연구소, 《덕천 승리산유적 발굴보고》(유적발굴보고 11), 1978.

12) 최무장, 《개정증보 한국의 구석기문화》, 1994.

13) 김교경, 〈덕천 승리산유적의 연대에 대하여〉, 《고고민속논문집》 7, 1979.

14) 이용조, 앞의 글, 1986.

15) 이용조, 앞의 글, 1991 : 장우진, 《조선사람의 기원》(사회과학출판사), 1989 : 김근식, 〈룡곡 제1호 동굴유적의 포유동물상에 대한 연구〉, 《과학원통보》 3, 1991.

16) 이용조, 〈북한 구석기연구의 과거와 현재〉, 《북한의 한국사 서술동향과 분석》, 1989 : 최무장, 〈북한의 구석기문화 연구와 문제점〉, 《학술지》 33(건국대학교), 1989 : 한창균, 〈북한 고고학계의 구석기시대 연구 동향〉, 《동방학지》 65, 1990.

17) 이용조, 〈한국의 구석기문화 연구사〉, 《한국선사문화의 연구》, 1980.

18) 고고학 및 민속학 연구소, 〈용어해설 : 구석기시대〉, 《문화유산》 58-5호, 1958.

19) 고고학및 민속학연구소, 《궁산원시유적 발굴보고》, 1957. 이 글에서는 이 유적에서 나온 짐승뼈의 분석에 중국의 배문중 박사를 초빙하여 감정을 의뢰하고 있다. 이러한 노력으로 북한에서도 이후로 동물화석을 다룰 수 있는 여러 명의 학자를 배출할 수 있게 된 것이다.

20) 김신규·김교경, 〈상원 검은모루 구석기시대유적 발굴보고〉, 《고고학자료집》 4, 1974.

21) 김교경, 〈청청암 및 해상 동굴유적 발굴보고〉, 《고고학자료집》 4, 1974 : 한창균, 앞의 글, 1994.

22) 고고학연구소, 《덕천 승리산유적 발굴보고》(유적발굴보고 11), 1978 : 김교경, 〈덕천 승리산유적의 연대에 대하여〉, 《고고민속론문집》 7, 1979.

23) 김일성종합대학 인류진화발전사연구실, 《룡곡동굴유적》(김일성 종합대학출판사), 1986

24) 김일성종합대학 인류진화발전사연구실, 같은 책, 1986 : 이용조, 〈구석기시대유적〉, 《 북한의 문화유산 I》, 고려원, 1990.

25) 로영대, 〈함북 화대군 털코끼리 발굴지에 발달한 니탄층의 포자화분조합〉, 《문화유산》 62-4, 1962.

26) 류정길, 〈포자-화분〉, 《룡곡동굴유적》, 1986.

27) 류정길, 같은 글, 1986 : 한창균, 〈룡곡동굴유적을 다시 논함〉, 《동방학지》 68, 1990 : 〈룡곡 제1호 동굴유적의 시기구분과문제점〉, 《박물관기요》 8, 1992 : 한창균, 앞의 글, 1994.

28) 과학백과사전종합출판사, 《조선전사 1(원시편)》, 1991.

29) 고고학 및 민속학연구소, 앞의 글, 1963.

30) 때림면이란 돌덩어리를 깨뜨리기 위해서 타격을 가한 면을 말한다. 돌덩어리를 깨뜨리기 위해서 어느 한 점에 강한 타격을 가하면 때림면에는 타격받은 자리가 생기는데, 그것을 때림점이

라고 부른다. 쪼각자리란 돌덩어리가 깨지면서 쪼각 혹은 격지가 떨어져나간 자리를 말한다. 불루기는 돌덩어리에서 떨어져 나온 돌의 깨진면에 생긴 흔적을 말한다.

31) 김신규 외, 앞의 글, 1985 : 손보기, 앞의 글, 1984.

32) 《조선고고학전서(원시편)》(과학백과사전종합출판사), 1990 : 한창균, 앞의 글, 1994.

33) 전제헌·윤진·김근식·류정길, 《룡곡 동굴 유적》(김일성종합대학출판사), 1986.

34) 장우진, 《조선사람의 기원》(사회과학출판사), 1989.

35) 한창균, 앞의 글, 1990.

36) 《조선전사》(과학백과사전종합출판사), 1991.

37) 김교경, 〈전자스핀공명 연대측정법에 대하여〉, 《조선고고연구》 2, 1987.

38) 김교경, 〈핵분열 흔적법에 의한 절대연대측정의 몇가지 문제〉, 《조선고고연구》 4, 1987.

39) 김교경·전영수, 〈절골동굴(아래층)화석산지의 연대〉, 《조선고고연구》 90-1호, 1990 : 한창균, 앞의 글, 1994.

40) 김종래·정남섭, 〈김책-어랑지방에 발달되어 있는 제4기 현무암의 열형광년대와 분포특성〉, 《지질과학》 92-4호, 1992 : 한창균, 앞의 글, 1994.

제 2 장 중석기문화

중석기시대는 지금부터 약 1만 2천년 전 마지막 빙기가 물러가고 새로운 후빙기가 시작될 무렵부터 약 8천년경을 전후하여 전세계적으로 기후가 따듯해질 때까지를 포함한다.

이 시기의 자연환경은 구석기시대의 후기와는 달리 훨씬 현대에 가까워 졌다고 볼 수 있는데, 이를 뒷받침해주는 유적이 평양 만달리 동굴유적이다.

북한에서 만달리유적을 보고한 1985년도에는 가운데층을 후기 구석기층(약 2만년 전)으로 보았으나, 그 후에 출간된 《조선고고학전서》(1990)와 《조선전사(원시편)》(1991)에서는 중석기층으로 다시 분류하고 있음을 살펴 볼 수 있다.

이러한 문제점을 안고 있는 유적이기에 이 책에서는 후기 구석기(약 1만 5천년 전)의 유적으로 일단 다루었으나, 앞으로의 연구결과를 기다려야 할 것이다.

아무튼 북한에서는 만달리 가운데층에서 출토된 포유동물화석을 강안리나 장덕리유적의 동물상보다는 늦은시기로 분류하고 있는데, 그 이유로는 강안리에서 보이는 털코끼리나 털코뿔이를 여기서는 볼 수 없다는 점을 들고 있다. 그러나 이 층에서는 동굴하이에나와 옛소 등이 출토되기 때문에 이러한 분류는 다시 검토 되어야 할 것이다.

또한 좀돌날몸돌(속돌)을 중석기시대의 연모로 보고하고 있는데, 이 연모는 중석기시대의 좀돌날몸돌로 분류하기 보다는 후기 구석기시대의 것으로 보는 것이 합리적일 것 같다. 왜냐하면 우리나라에서 출토되는 구석기시대의 좀돌날몸돌은 중석기시대의 좀돌날몸돌과 큰 차이점을 보이고 있기 때문이다. 예를 들어, 중석기시대의 좀돌날몸돌과 비교를 해보자면, 후기 구석기시대의 것보다 크기와 무게에서는 1/2 정도로 작아지는 경향을 보이며, 제작기법에서는 약식화되는 경향을 보인다.

특히 좀돌날몸돌의 꼴이 각기둥형이나 원추형에 가깝게 만들어지고, 좀돌날을 떼어내는 데에서도 타격면에 돌아가며 고루 떼어내는 점이 살펴져, 후기 구석기시대의 좀돌날몸돌 제작과 차이를 보이고 있는 것이 한 특징이라 하겠다.

이러한 점에서 만달리유적의 좀돌날몸돌은 후기 구석기시대의 것으로 분류하는 것이 더 타당하리라고 본다.

사진 2-1.　부포리유적 전경

사진 2-2.　부포리유적 출토 석기

　북한에서는 만달리유적 외에 부포리유적의 일부 석기(사진 2-1·사진 2-2)와 회령 지경동유적의 좀돌날석기를 중석기시대의 유적으로 분류하고 있다. 그러나 석기와 관련된 자료를 자세히 보고하고 있지 않아서 중석기시대의 유적으로 분류하기에는 이른 감이 있다.

　북한에서는 1960년대부터 중석기문화에 대해 관심을 갖고 있었으나 1990년대에 이르기 까지 이렇다할 연구가 진행되지 않았다. 그런데 1980년대에 중·남부지역에서 중석기시대의 유적과 유물이 출토되어 중석기문화가 규명됨에 따라 북한에서도 1990년도부터 중석기유적을 밝히기 위한 노력이 이루어지고 있다.

　북한에서의 중석기문화에 대한 연구결과는 아직 초보 단계이고 그 동안 확실한 유적이 조사되지 않았으나, 중·남부지역에서 중석기시대의 유적이 조사되어 문화의 성격을 규명하는 단계에 와 있음을 비추어볼 때, 북부지방에서도 앞으로 유적과 유물이 발견될 가능성이 크다고 하겠다.

제3장 신석기문화

I. 연구경향과 성과

1. 연구경향

신석기시대는 우리나라의 역사와 문화 발전에서 중요한 위치를 차지한다. 그것은 이 시기가 석기제작 기술이 현저히 발달되고 생산능력이 확대된 시기이며, 우리 민족의 형성과 고유한 문화적 특징이 뚜렷이 나타난 역사적 시기이기 때문이다.

그렇지만 지난날 우리의 신석기문화는 제대로 연구되지 못하고 적지 않게 왜곡되어 왔다.

추사 김정희(1786~1856)가 간 화살촉에 대한 고고학적 의미를 찾고자 했던 노력은 제대로 계승되지 못하였고,[1] 그 뒤 일제 관변학자들에 의하여 신석기연구가 출발되었다.

일본인들의 초기 조선고고학 연구는 우리나라의 토지측량에 대한 기초조사로부터 출발하였으며, 고건축물 조사·고분발굴 등에 먼저 손을 대는 데서 비롯하여, 고고학·미술사·고대사 등의 학문영역과 전공자가 분화되지 못하였다. 그리하여 유물 등이 화려하지 않은 선사시대에 대한 연구가 주목받지 못하여 전공자가 드물었고, 연구의 수준 또한 깊지 못하였다.

이 당시 일본인들이 사용한 '석기시대'라는 개념은 '석기'와 '금석병용기'라는 두 시대를 포괄한다. 석기시대 안에는 빗살무늬토기만이 아니라 민무늬토기와 간석기가 포함되어 있고, 금석병용기에는 청동기와 철기가 포함되어 있었다.

고고학적 관찰이 깊었다면 밝힐 수 있었던 빗살무늬토기와 민무늬토기의 선후관계에 대한 규명의 문제는 광복이후까지도 계속되었다. 즉 석기시대에 금석병용기라는 시대를 설정하여 보다 궁극적으로 우리 역사의 정체성과 타율성을 강조한 셈이었다. 따라서 중국의 동북지방과 동몽고 등지에서의 학술조사도 '일선동조론(日鮮同祖論)'을 합리화하는 기준을 세우는 것에 불과하였다.

연구의 방향이 그러하니 계통론이 우세할 수밖에 없게 되었고, 이런 논리는 전파론으로 귀결되어 '조선과 內地는 깊은 인종적 관계가 있다'는 일선동조론을 합리화하게 되었다.

일제시대의 藤田亮策은 이런 계통론의 대표자였고, 그 밖에 신석기연구를 주로 맡았던 다른 연구자들도 이러한 한계를 벗어날 수 없었다. 개중에는 橫山將三郎 같은 선사시대의 연구에 애정과 이론을 겸비한 정통적인 연구자도 있었지만, 당시 사회의 주류가 되지는 못하였다.[2]

이렇듯 우리나라의 신석기문화에 대한 연구는 체계적이지 못한 채 광복을 맞이하게 되었다.

광복이후 남한과 북한이 분열되고 이에 각각 다른 체제를 지향한 사회분위기 안에서 신석기 연구는 서로 다른 길을 걸어가게 된다. 선사시대에 대한 연구는 유물과 유구에 전적으로 의존하고 있기에, 신석기시대 유적의 발굴조사는 바로 이 시대에 대한 연구의 역사와 같은 의미를 가진다.

북한지역에서의 신석기 유적 발굴조사는 남한 쪽보다 10여 년 정도 앞서 시작되어서 신석기 연구에 일찍 눈을 돌렸다. 북한에서는 1950년 온천 궁산리 조개더미유적 조사가 그 효시이나(사진 3-1),[3] 남한은 1964년 김해 농소리 조개더미 발굴이 처음이다.[4]

북한은 1950년대부터 유적 발굴조사를 통한 신석기 연구가 본격화되고 있으나, 남한은 1960년대에 들어 와서야 발굴조사에 착수하는 등의 면에서 학문연구가 뒤지고 있음을 인정할 수밖에 없다. 한편 북한에서는 평양 금탄리(1955)·청진 농포리(1956)·봉산 지탑리(1957)·웅기 굴포리(1960)·해주 룡당포(1960)·녕변 세죽리(1962) 등 북한지역의 신석기문화를 대표하고 있는 유적들을 연이어 발굴하였다. 그래서 신석기시대의 집터에 대하여서도 상당한 지식을 갖게 되었고, 더 나아가 우리나라 전체의 신석기시대 문화상과 그 원류 문제에까지 연구의 폭이 넓어지는 등 커다란 진전이 있었다.

북한의 이러한 학문적 성과를 도유호는 우리나라에서는 최초의 선사고고학

사진 3-1. 궁산리 조개더미유적 전경

개설서인《조선원시고고학》(1960)을 단행본으로 발간하였다. 이후에도 각종의 유적 발굴보고서와 논문이 발표되고, 1977년에는 앞서의 단행본보다 시대나 연구의 폭에서 더욱 진전된 고고학연구소의《조선고고학개요》가, 1986년에는 서국태에 의하여 신석기시대만을 떼어서 다룬《조선의 신석기시대》가 다른 논문들과 함께 간행되는 등 신석기시대의 연구가 꾸준히 진행된 듯 하다.

그렇지만 1970년대에 들어오면서 연구의 내용이 주체사상의 틀에 맞춘 획일적인 논리의 전개로 변질되며, 1980년대에 들어서도 전체적인 내용은 1970년대와 비슷한 양상을 보인다. 다만 그 동안 연구의 결실로 종합적인 성격의 글들이 계속 발표되는데, 생산력의 발전이 사회구성체의 변화를 가져온다는 명제를 합리화하려고 하는 데 초점을 맞추고 있다.

1990년대가 되면 북한의 신석기 연구에 본질적인 변화가 나타난다. 주변문화에 대한 관심에서 비롯된 이러한 연구경향으로 인하여 기존의 북한 신석기시대 유적에 대한 새로운 연대설정 작업이 시도되며, 우리나라 선사문화의 담당주민에 대한 연구를 끈질기게 추구하게 된다.

의주 미송리유적의 연대문제가 재인식되면서 신석기 기원이 기원전 5000년대에서 6~7000년대로 소급되었고, 현대인의 직계 조상을 조선옛유형사람에서 찾

으려고 하는 관심이 많아지게 되었다.[5]

2. 연구성과

1) 농경

농경은 구석기시대의 사냥이나 고기잡이, 자연의 산물을 거두어 들이는 채집과는 달리 사람들이 일정하게 자연의 법칙을 인식하고 자신들의 의사와 요구에 맞게 이용하는 생산활동이다. 농사를 짓게 되면서 사람들은 땅을 일구고 씨를 뿌리며, 작물이 자라서 열매를 맺고 낟알을 거두어 들이는 목적을 갖고 오랜 기간 노력하게 되었다.

북한에서는 이러한 식물채집단계에서 작물재배로의 전환이 사람들이 자연을 정복하고 응용하는 새롭고도 중대한 변화인 것으로 인정하며, 신석기시대의 시작과 함께 농경이 이루어진 것으로 보고 있다.

농경에 대한 연구는 주로 신석기시대의 농사와 관련된 연모와 탄화된 낟알에 주목하였다. 그런데 농경의 직접적 자료인 곡식의 낟알은 봉산 지탑리유적·마산리유적, 평양의 남경유적에서만 출토되어 자료의 한계를 가진다(사진 3-2).

그래서 북한에서는 주로 농경관계 연모에 주목하여 이른 신석기시대부터 농경활동이 있었음을 서술하며 농업의 발전 단계를 설정하고 있다. 즉 신석기시대 전기를 괭이농사단계, 중기부터 후기까지를 보습농사단계로 설정하여 일정한 발달과정을 거친 것으로 이해하고 있다.[6]

신석기시대의 가장 이른 시기부터 이루어졌다는 괭이농사는 돌괭이·뿔괭이·뒤지개 등의 연모를 가지고 설명하며, 여기에 민속학적 자료를 보완하여 주장을 전개하고 있다.

돌괭이의 경우 선봉 서포항 1·2기층에서 대부분 대리석(각혈암)으로 만든 10여 점이 출토되었다. 이들의 모양은 모 죽인 긴 네모꼴에 가까운 것과 등 쪽이 좁고 날 쪽이 넓은 모 죽인 긴 삼각형에 가까운 것의 2가지인데, 모두 좁은 쪽에 자루를 매고 넓은 쪽을 날로 썼던 것 같다(사진 3-3).

뿔괭이는 궁산 1기층에서 여러 점 출토되었는데, 이들은 사슴뿔의 원줄기를

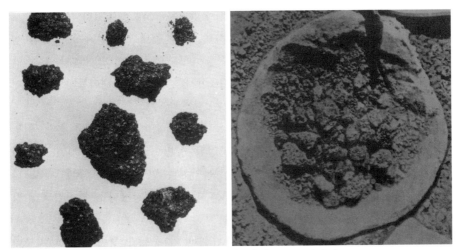

사진 3-2. 불탄 곡식 낟알(남경 · 지탑리)

사진 3-3. 서포항 출토 돌괭이(길이 36.3cm)

자루로 하고 갈라진 옆가지 부분을 다듬어 괭이날로 쓰게 만들었다.

또한 서포항유적과 궁산유적의 신석기시대 전기 층에서도 뒤지개가 여러 점 출토되었는데, 이들은 사슴뿔의 뾰족한 끝을 날로 이용하고 그 반대쪽을 손에 쥐거나 자루 끝에 매어 쓸 수 있게 하였다. 이러한 연모들은 괭이농사단계의 기본경작연모로 인정되고 있다.

밭을 일구는 방법은 돌도끼 등으로 나무를 찍어 넘어뜨리고 불을 놓는 경작방법이 이용되었는데, 이것을 한 단계 발전된 농법으로 보았다.[7] 전기 신석기 유적에서 많이 출토되는 돌도끼는 주로 섬록암이나 안산암 등의 굳은 돌로 만들었고, 실제로 지름 25cm의 소나무를 25분 정도 걸려 잘랐다는 연구결과에 따라 농구의 일종으로 보고 있다.

신석기시대 중기 이후에는 농경과 관련된 연모의 종류가 늘어나며 그 기능이 개선되었다. 괭이농사 단계에서의 돌괭이·뿔괭이 등은 계속 나타나며 일부는 자루에 매어 쓰기 좋은 형태로 개량되고, 새로운 경작연모인 삽·보습·낫 등이 나타나고 있다.

돌삽은 서포항 3기층·지탑리 2기층·금탄리 1기층에서 출토되었는데, 괭이보다 날이 얇고 날 끝을 갈아서 흙을 퍼내는 데 쓰인 것으로 해석된다. 돌보습은 지탑리와 검은개봉유적에서 나왔는데, 길이가 40cm, 너비는 20cm 정도로 땅을 갈아엎는 데 썼던 것으로 생각된다. 이러한 삽과 보습은 밭을 가는 이랑농사에 쓰였던 것으로 보인다(사진 3-4).

수확연모로서는 돌과 짐승이빨로 만든 낫이 있는데, 돌낫은 지탑리와 오덕리 1문화층, 신암리 청등말래유적에서 출토되었고, 멧돼지 송곳니로 만든 낫은 궁산유적에서 나왔다(그림 3-1).

신석기시대 후기는 보습농사가 더욱 발전된 단계로 곰배괭이와 반달돌칼 등 새로운 농경연모가 나타나며, 갈돌 등 농사와 관련된 연모들이 부쩍 늘어나고 있다.

곰배괭이는 괭이에 어깨를 만든 개량된 형태의 것으로 서포항 4기층·범의구석 1문화층·금탄리 2기층·토성리·룡당포유적 등을 비롯한 신석기시대 후기 유적들에서 많이 발견되었다. 또 곡식의 이삭을 따는 데 이용된 반달돌칼은 룡연리·청등말래·서포항유적 5기층 등에서 출토되었다. 이 반달돌칼은 후기 신석기유적들에서 나타나기 시작하여 청동기시대에 이르러 널리 쓰인 연모로, 수확방법에 큰 변화를 일으켰다(사진 3-5).

사진 3-4. 지탑리 출토 돌보습과 출토 모습

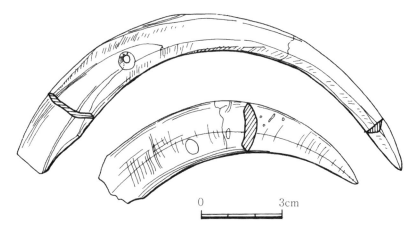

그림 3-1. 궁산 출토 낫

사진 3-5. 서포항 출토 조가비 반달칼(길이 12.5cm)

이러한 신석기시대 농경은 사람들의 정신세계와 물질문화를 더욱 풍부히 하였으며, 나아가 사회관계와 생활양식에도 많은 변화를 가져오게 한 것으로 보고 있다.

2) 집(터)

집은 선사인들에게 그들의 생활을 유지·확대하여 나가기 위한 중요한 거점이었으므로 더없이 소중한 보금자리이며 일터였다. 채집·사냥을 하던 구석기 사람들은 주로 자연의 동굴 등을 이용하였으나, 농사를 지으며 정착생활을 하는 신석기 사람들은 항구적이고 견고한 살림집이 필요하게 되었다.

우리나라의 신석기 사람들은 기후조건과 생업에 맞는 집을 짓고 살았던 것이 분명하다. 지금까지 조사된 신석기시대의 집(터)에서는 벽체나 천장 부분, 지붕이 남아 있지 않은 집터의 윤곽과 움의 상태, 바닥과 화덕자리, 출입구와 기둥구멍 등이 확인되고 있다.

북한에서의 집터 연구는 주로 신석기시대의 전 기간에 변화를 보이고 있는 집터의 윤곽과 움, 그리고 기둥구멍 등에 관심이 집중되어 있었다.[8] 즉 신석기시대의 전기에서 후기로 가면서 집터들의 평면이 둥근꼴에서 네모꼴로 바뀌고, 움의 깊이가 얕아지며 기둥배치가 질서정연하게 되는 등의 변화가 나타난다. 이에 비하여 집터에서 확인되는 바닥의 구조·화덕자리·출입구·기둥구멍 등은 큰 차이를 보이지 않는다.

연구 결과 신석기시대 전기의 집터들은 궁산유적 1호처럼 둥근 바닥에 원추형 고깔지붕을 가진 초막 형태와, 서포항 3호(그림 3-2)와 17호, 궁산 4호 집터처럼 두리 뭉실한 고깔지붕 형태, 서포항 9호나 지탑리 1호처럼 두 벽이 보이는 2면 경사의 시초형 지붕을 갖는(그림 3-3) 3가지 모습의 집이 있었던 것 같다. 그러나 아직 지붕과 벽체가 분리되지 않은 원시적인 집이었다.

중기에는 집터의 평면윤곽이 네모꼴로 바뀌어 가고 움의 깊이가 점차 얕아지는 변화를 보이고 있다. 지붕의 형태는 지탑리 2호, 3호·서포항 8호 및 26호처럼 전기의 집터에서는 드물게 보이던 원추형과 4각 추형의 중간형 고깔지붕이 계속되며, 세죽리 7호·궁산 5호·금탄리 7호·서포항 27호, 28호 집터와 같이 평면이 긴 네모꼴 2면 경사의 집들이 지어졌다(그림 3-4). 물론 이 시기부터는 벽체가 만들어지면서 용마루나 보 등이 사용되었던 것으로 보인다.

후기의 집들은 서포항 5기층이나 범의구석 1문화층의 집들로 대표되는데, 중기와 비슷한 집터도 있으나 네모꼴에 기둥구멍이 잘 배치되어 있는 것이 확인되고 있어 앞 시기보다 다양하게 변화되고 있음을 보여준다. 즉 중기와 마찬가지로 2면 경사의 지붕이 많이 나타나지만 2단 지붕이나 4면 경사를 이룬 지붕형태도 나타나고 있으며, 기본골조에 용마루·대공·중도리가 사용되었다.

이러한 연구의 결과는《우리나라의 원시집자리에 대한 연구》(1975년)에 종합되고 있는데, 여기에서는 지금까지 조사된 신석기·청동기시대의 모든 집터들을

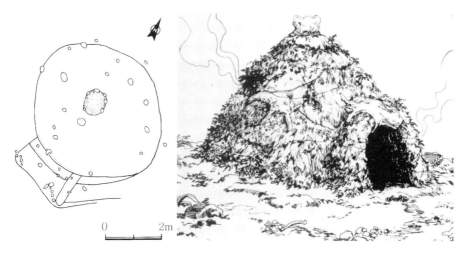

그림 3-2. 서포항 3호 집터와 복원도

그림 3-3. 지탑리 1호 집터 복원도

열거하고 있다. 이러한 자료를 통하여 집에 대한 지역성·지역별 고유성·전통성 등을 유추하게 된다. 이렇게 발굴된 집터들을 가지고 여러 형태의 집을 복원하였으며, 집의 크기에 따라 사는 사람의 수를 추정하고 있다.[9]

이러한 연구경향은 각 사회를 움직이는 원동력은 무엇이고 어떤 사회구성체를 이루며 살았는가 하는 사회주의 체계에서 궁극적으로 추구하는 문제에 대한

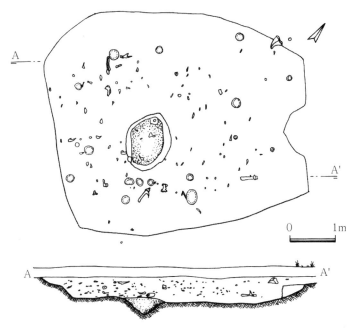

그림 3-4. 궁산 5호 집터

해답을 얻으려 한 것이 아니었나 생각된다. 즉 선사시대 집터에 대한 연구를 통하여 신석기시대의 사회단계라고 규정한 모계씨족사회의 모습과 부계씨족사회의 형성과정, 선사시대 사회의 취락구조와 조직 등을 규명하려고 한 것으로 보인다. 그러나 여기에 대한 것은 연구가 더 이상 진전되지 못하여 결론을 내리지 못하고 있다.

3) 토기와 연모

(1) 토기

신석기시대는 토기의 사용과 간석기의 제작, 농경생활로 특징되는 시기이다. 이 가운데 토기는 신석기 사람들이 문화를 발전시켜 가는 과정에서 이룩한 중요한 성과의 하나이다.

토기는 음식을 끓이고 낟알이나 물 등을 저장할 때 쓰이거나, 또는 식기로 사용되면서 당시 사람들이 문화적인 생활을 할 수 있게 하였다. 평양 금탄리 2문화층의 일부 토기는 음식을 끓여 먹는 데 쓰인 흔적이 관찰되며, 지탑리를 비롯한 여러 유적에서는 아가리 지름이 50cm를 넘고 높이도 60~70cm에 달하는 저장용 토기들이 출토되었다. 또 이러한 큰 그릇 외에 작은 그릇인 대접·사발·보시기·잔 등은 식기였던 것으로 이해된다.

신석기 사람들은 토기를 만들기 위한 바탕흙을 마련하고, 그릇을 빚고, 무늬를 새기고, 굽는 과정까지도 석기나 뼈연모 같은 도구를 만드는 것 못지않은 정성을 기울였다.

바탕흙은 찰흙만이 아니라 일정한 양의 석영·활석·석면·운모·조개껍질가루 등을 섞어 마련하였다. 지탑리 2지구의 경우 다른 지역에서 가져 온 것으로 짐작되는 석면가루를 바탕흙에 많이 섞었음을 확인할 수 있다.

그릇을 빚는 데에는 대체로 손빚기·서리기·테쌓기의 3가지 방법이 주로 사용된 것으로 짐작된다.

손빚기[手捏法, hand-kneading method]는 찰흙덩어리를 그냥 손으로 눌러서 그릇의 형태를 만드는 방법으로, 사발·보시기·대접·잔 등의 자그마한 그릇을 만드는 데 주로 사용하였다.

서리기[卷上法, coiling method]는 찰흙덩어리를 가늘고 길게 늘려서 빚은 다음 그것을 밑으로부터 서리어 그릇 형태를 이루게 하는 방법으로, 단지와 같은 큰 그릇은 이 수법으로 만들었다.

테쌓기[輪積法, ring-building method]는 독이나 항아리 같은 큰 그릇을 만드는 방법으로, 찰흙덩어리를 늘려 둥근 고리처럼 만들어서 쌓아 올린 다음 마르기 전에 메우고 문질러 만드는 방법이다. 이러한 방법은 물레[돌림판]를 사용하기 이전의 초보적인 수법이다.

이러한 토기에 점과 선으로 만든 기하학적 무늬가 장식되는데, 소박하면서도 친근감을 주고 있다. 이 무늬들은 무늬를 만든 각 지역민의 정서가 잘 반영되어 있어서 지역별 특색을 보여주는 자료로 매우 중요시된다(사진 3-6).

토기를 만드는 데에는 잘 구워내는 과정 또한 중요하다. 신석기 사람들은 아무런 가마시설이 없이 야외에서 굽거나, 밀폐되지 않고 개방된 상태의 아주 간단한 가마시설에서 토기를 구웠다고 여겨진다.[10]

이러한 여러 과정은 매 공정마다 일정한 경험과 숙련을 필요로 하는 일이어서 전문성이 요구되었고, 또한 당시 공동체의 관심의 대상이었을 것이다.

따라서 이러한 토기는 당시 사람들의 생활모습을 규명하는 데 가장 좋은 연

사진 3-6. 새김무늬토기(서포항 · 지탑리)

구자료가 되어 일찍부터 주목되었다. 특히 토기는 절대연대자료가 없는 경우, 신석기시대에 만들어진 다른 유물보다도 그 변천이 뚜렷하고 대부분의 유적에서 출토된다는 점 때문에 상대연대를 얻기 위한 주된 연구대상이 되어왔다.

북한에서는 신석기 문화의 지역적인 특색을 토기 갖춤새(유형)에 따라 크게 5지역으로 나누고 있다.

가령 궁산 유형의 토기는 우리나라 서해안 일대에, 서포항 유형의 토기는 동북지방으로부터 연해주 일대에 걸친 지역에 분포되었다고 주장한다. 그리고 당산 및 청등말래 유형은 압록강 하류 및 요동반도 일대에, 토성리 유형은 압록강 중 · 상류로부터 송화강 유역에 분포되어 있고, 동삼동 유형이 남해안 일대에 분포되어 있는 것으로 보고 있다. 이러한 유형들은 정형화된 것이 아니라 새로운 토기갖춤새가 더 있을 수 있다는 가능성을 남겨두고 있다.

북한에서는 1980년대까지 이러한 토기의 갖춤새를 중심으로 유적의 시기구분과 지역적 특성을 고려하여 전기(기원전 5천~4천년기) · 중기(기원전 3천년기 전

반)·후기(기원전 3천년기 후반~2천년기 초반)의 3시기로 구분하는 것이 일반적이
었다.

　이에 따라, 전기 유적으로는 서포항 1기·2기, 부포리 덕산유적, 궁산 1기, 지
탑리 1기 등을 들고, 중기 유적으로는 서포항 3기와 궁산문화 2기에 해당하는
지탑리 2기·3기, 오덕리 1문화층, 궁산문화 3기에 해당하는 궁산유적 2기, 세죽
리유적, 금탄리 1기, 암사동과 동삼동의 일부 유물 등을 포함하였다. 후기의 유
적으로는 서포항 4기·5기, 농포동유적, 무산 범의구석 1문화층, 남경 1기·2기,

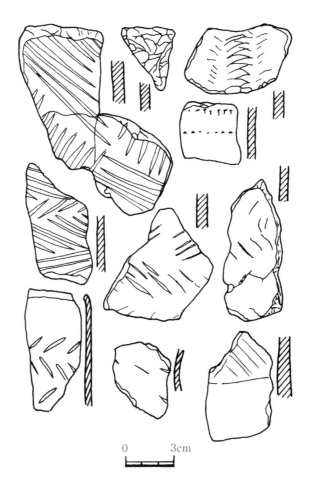

0　　　　3cm

그림 3-5.　미송리 출토 토기(아래 문화층)

금탄리 2기, 미송리 1문화층, 신암리 1기·2기 등을 열거하였다.

　그러나 《조선전사 Ⅰ》(원시편, 1991)에는 이러한 시기구분에 변화가 나타나고 있음이 살펴진다.

　이러한 변화는 신석기 후기에 속한다고 본, 의주 미송리 동굴유적에서 출토된 토기의 '꼬불무늬'에서 비롯되었다(그림 3-5).

　이 꼬불무늬는 중국 적봉 홍산(赤峰 紅山)이나 임서(林西) 뿐만 아니라, 요하를 중심으로 단동시 후와(後窪)·소주산(小珠山), 서요하의 홍륭와(興隆窪) 문화권에서 가장 널리 쓰이던 무늬로 확인되었으며, 그 방사성탄소연대가 기원전 6천년을 넘는 것으로 나타남에 따라 여러 가지 새로운 문제들을 제기하게 되었다. 이로 인하여 미송리유적을 우리나라 신석기의 가장 이른 시기로 보게 되었고, 미송리와 가까운 토성리·장성리, 특히 룡천 신암리유적 등의 연대도 새로이 정립해야 할 입장이 되었다(사진 3-7).

　이러한 논의로 '미송리~소주산' 유형이 압록강을 중심으로 하여 새로 생겨나

사진 3-7.　신암리 출토 번개무늬토기

게 되었고, 신락(新樂)유적의 방사성탄소연대를 참조하여 기원전 7천년기로 보게 되었다. 또 청천강 이북의 세죽리·당산·강상유적을 비롯한 여러 유적에서 둥근밑토기가 나온다는 공통점을 들어 이들을 궁산 유형에 포함시키고 있다. 서포항 유형의 경우도 남연해주 지방까지 확대하여 '서포항~앵가령' 유형으로 구분하고 있다.

이렇게 신석기시대 전기를 기원전 6천~5천년 전으로 올렸으며, 후기에 해당하던 미송리유적을 전기로, 신석기 후기도 기원전 3천년기로 종래보다 1천여 년 가량을 올려 보았다(표 3-1).

따라서 신석기시대의 무늬토기를 총칭하는 새김무늬그릇의 변화를 가지고 상대연대를 세우던 종래의 기준에 재해석이 요구되었다. 즉 신석기 전기의 토기에는 간단한 새김무늬가 나타나지만, 중기가 되면 복잡한 새김무늬로 변화하고, 후기에는 점선물결무늬·타래무늬·번개무늬로 발전한다는 것이 기본해석이다. 그러나 이러한 견해들은 일부 수정될 것으로 여겨지기에 시간을 가지고 논의를 지켜보아야 할 것이다.[11]

신석기시대 전기 (기원전 6000~5000년기)		신석기시대 중기 (기원전 4000년기)		신석기시대 후기 (기원전 3000년기)	
서포항유적 1기층 / 부포리 덕산유적	지탑리유적 1기층 / 궁산유적 1기층 / 암사동유적 일부유물 / 상노대노유적 일부유물 / 오산리유적 일부유물	지탑리유적 2기층 / 마산동유적 / 암사동 일부유물 / 동삼동 일부유물 / 오산리 일부유물 / 강상리유적 / 오덕리 1문화층	지탑리유적 3기층 / 궁산유적 2기층 / 금탄리유적 1기층 / 룡당포유적 / 세죽리 일부유물 / 룡곡리유적 / 학월리유적 / 다대리 일부유물	남경유적 1기층 / 당산유적 / 세죽리 일부유물 / 미사리유적 / 상노대도 일부유물	금탄리유적 2기층 / 남경유적 2기층 / 장촌유적 / 석탄리 1문화층 / 교동유적 / 오산리 일부유물 / 동삼동 일부유물 / 영선동유적 / 수가리유적
	서포항유적 2기층			서포항유적 4기층 / 검은개봉 일부유물 / 농포유적 / 원수대유적 / 토성리유적 / 송평동유적	
	미송리유적 1문화층	서포항유적 3기층 / 검은개봉유적 일부유물			서포항유적 5기층 / 범의구석 1문화층 / 송평동 일부유물
				신암리유적 1기층 / 룡연리유적 / 쌍학리유적	신암리유적 2기층

표 3-1. 《조선전사 I》에 실린 신석기유적의 시기구분

(2) 연모

신석기시대에는 각종 연모와 생활용품들이 제작되어 이전의 시기보다 생활이 윤택하게 되었다.

신석기 전기에는 뗀석기와 간석기가 함께 나타나고, 중기에는 새로운 연모들인 돌보습·돌삽·낫 등 농구들이 두드러지게 나타난다. 후기에는 곰배괭이와 같은 김매는 연모가 나타나고, 일부 유적에서는 반달돌칼·달도끼 등 청동기시대에 널리 쓰인 유물들이 출현하고 있다.[12]

신석기 전기의 뗀석기 제작방법으로 만든 연모는 서포항 1·2기층에서 나타나는 칼·긁개 등과 눌러떼기수법으로 만든 화살촉 등이 있다. 이러한 연모는 구석기시대의 뗀석기 제작전통을 이은 것들이지만, 새롭게 신석기시대에만 나타나는 뗀석기 제작기술이 사용되기도 한다(사진 3-8). 즉 서포항 1·2기층에서 나타나는 직접떼기로 가공한 여러가지 형태의 괭이들과 강돌의 두 모서리를 떼어 만든 그물추 등이 그 예라 할 수 있다.

간석기 제작방법으로 만든 석기에는 일부분만 간 것과 전면을 간 것이 있다. 일부분만 간 연모로는 서포항 I기층에서 나온 돌괭이와 돌도끼 등이 있으며, 전면을 간 석기로는 서포항 2기층과 궁산문화 1기층(지탑리 1호집터)에서 나온 돌도끼·화살촉·비수(칼) 등이 있다.

사진 3-8. 농포리 출토 흑요석제 석기

　전기의 서포항이나 궁산유적과 같은 조개더미유적에서는 석기뿐만 아니라 짐승의 뼈나 이빨로 만든 연모들도 나왔다. 서포항 1·2기층과 궁산 1기층에서는 사슴뿔을 쪼개어 만든 괭이·뒤지개가 나왔으며, 어로용 연모인 작살·낚시 등도 만들었다(사진 3-9).

　신석기시대 중기의 유물들은 전 시기보다 개선되어 전기부터 써오던 괭이와 갈돌 외에 보습·삽·낫 등의 농구가 새로 출현하였다. 지탑리유적에서 출토된 돌보습은 길이가 보통 30~40cm이며 큰 것은 65.5cm인 것도 있다.

　돌삽은 지탑리 2지구, 금탄리 1기층 및 서포항 3기층에서 출토되었고, 돌낫은 지탑리 2지구와 오덕리 1문화층에서 나왔다.

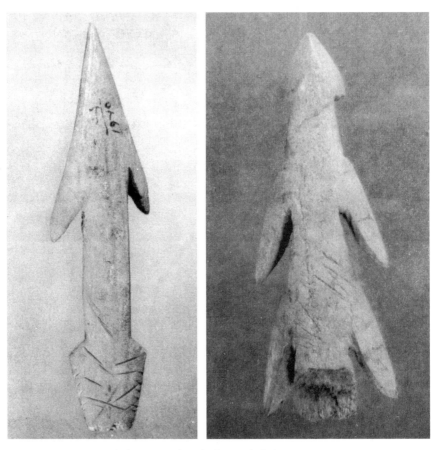

사진 3-9. 서포항 출토 뼈작살(2·4기층)

공구류에서도 두께가 얇고 외날인 새로운 유형의 자귀나 끌, 대패날 등이 지탑리유적 2지구·서포항 3기층·오덕리 1문화층·궁산 2기층 등에서 나왔다.

사냥 및 고기잡이 연모로는 흑요석으로 만든 화살촉·칼·긁개 등이 있으며, 꽂개(끼움날) 등이 출토되는 것으로 봐서 발전된 양상을 확인할 수 있다.

신석기 후기에는 보다 세련된 제작기술로 새로운 연모들이 만들어졌다. 연모를 갈아서 만드는 수법이 보다 발달하였으며, 특히 세련된 솜씨로 구멍을 뚫기도 하였다.

농사용 연모로 이 시기에 새로 나타난 것은 곰배괭이와 반달칼이다. 곰배괭이는 신바닥모양의 괭이와는 다르게 등 부분의 너비를 좁혀 어깨를 뚜렷하게 만든 석기로, 서포항 4기층을 비롯한 함북 일대의 여러 유적에서 나왔다. 반달칼은 돌로 만든 것과 조개로 만든 것이 있는데, 반달돌칼은 신암리 1기층·룡연리 유적 등에서, 조개껍질을 갈아 만든 반달칼은 서포항 5기층에서 출토되었다.

고기잡이용 연모로는 결합식 작살·갈고리 낚시·노(艣) 등이 새로 나타나 주목된다. 작살은 2~3쌍의 미늘을 가진 것이 보이며, 서포항유적에서처럼 짐승이빨로 만든 독특한 결합식작살 또한 출토되었다. 낚시로는 결합식낚시와 함께 갈고리낚시가 새로 나타난다. 갈고리낚시 역시 서포항유적에서 나온 것인데, 멧돼지 이빨을 갈아 도드라진 미늘과 낚시줄을 맬 수 있게 한 것으로, 현대의 낚시를 연상케 한다. 서포항 4기층에서 나온 고래뼈로 만든 노는 31cm 크기의 길죽한 부삽 모양이다.

공구류도 돌도끼·자귀·대패날·끌 등이 더욱 세련된 형태로 만들어졌다(사진 3-10).

흙을 빚어서 구워 만든 가락바퀴는 신석기 중기의 것처럼 주판알 모양이나 원추형에 가까운 것도 있지만, 밑면이 납작한 볼록렌즈형 혹은 밑면을 오무려서 만든 것 등 생김새가 더욱 다양해지고 있다.

이렇듯 신석기시대 사람들은 전 기간에 걸쳐서 그들의 창조적 능력을 발전시켜 새로운 방법으로 용도에 맞게 연모를 만들어 사용하였다. 석기를 만드는 데에는 직접떼기·간접떼기·눌러떼기 등의 구석기시대 수법과 아울러 쪼으기·갈기·자르기·구멍뚫기 등 새로운 수법이 쓰였으며, 돌·뼈·조개껍질·흙 등을 이용하여 감[材質]의 특성에 맞게 연모를 만들어 썼다.

사진 3-10.　신암리 출토 달도끼(지름 6.9cm)

4) 믿음과 예술

신석기시대 사람들의 믿음과 예술행위를 보여주는 유물로는 치레걸이와 조각품이 있는데, 이들은 대부분 돌·뼈·뿔·이빨·흙 등으로 만들어진다. 지금까지 북한의 여러 유적에서 출토된 치레걸이와 조각품을 보면 신석기시대 전기에서부터 후기에 이르기까지 다양하게 발견되고 있다.

신석기 전기에 속하는 서포항 1·2기층에서는 짐승뼈를 납작하게 갈아 한쪽 끝에 구멍을 뚫은 것과, 짐승의 이빨 뿌리 끝에 구멍을 뚫어 달아맬 수 있게 만든 치레걸이가 대부분이다(사진 3-11).

서포항 2기층 3호 집터에서는 휘어 있는 사슴뿔의 전면을 갈아서 만든 조각품이 나왔다. 전체 길이는 25.5cm이며 뿌리쪽 끝 부분에 두드러진 띠를 돌려서 칼자루 비슷하게 만들고 여기에 여러 줄의 평행선을 새긴 것으로, 일종의 호신부라고 인정된다.

또 다른 조각품 하나는 네모나게 생긴 머리부분에 5~6번의 에워놓은 자리가 있고 그 한복판에 구멍이 있으며 머리 아래 부분은 밋밋하게 좁아져서 샛바늘 끝처럼 생겼다.

사진 3-11.　서포항 출토 치레걸이

　　신석기 중기에도 돌·뼈·뿔·이빨 등으로 만든 치레걸이, 조각품 등이 비교
적 다양하게 출토된다. 서포항 3기층에서는 돌과 짐승뼈로 갈아서 만든 치레걸
이와 조개껍질을 갈아 만든 팔찌가 출토되었다. 또 궁산유적 위층에서도 새의
다리뼈를 대롱구슬모양으로 만든 것이 나왔다.

　　조각품으로는 서포항 3기층에서 출토된 사람·망아지·뱀 모양의 조각을 비
롯하여 여러 가지가 나왔다. 사람을 형상화한 것은 사슴뿔을 쪼개서 납작하게
갈아서 만들었으며, 전체적인 모양은 샅바늘과 비슷한데, 네모진 머리 부분과
몸 부분이 뚜렷이 구분된다. 머리에는 3개의 구멍이 패여 있고 몸체의 가운데에
는 중앙의 구멍을 중심으로 7개의 구멍이 둥글게 배열되어 있어서 여성을 상징
하는 것으로 보고 있다(사진 3-12).

　　신석기 후기에도 여러 종류의 치레걸이와 조각품 등이 많이 출토된다.

　　치레걸이에는 달아매는 것과 팔찌·고리구슬·대롱구슬 등이 있다. 서포항유
적 4·5기층에서는 팔찌와 고리구슬이 출토되었다. 무산 범의구석 1기층에서는
새의 뼈를 잘라 원통형으로 만든 대롱구슬이 나오기도 하였다.

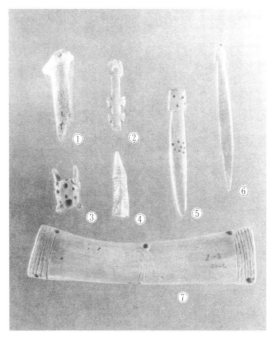

사진 3-12. 서포항 3기층 출토 예술품(①망아지, ②③⑥⑦치레걸이, ④뱀, ⑤인형)

사진 3-13. 서포항 4기층 출토 예술품

사진 3-14. 농포동 출토 여성 조각품   사진 3-15. 농포동 출토 개 조각품

조각품은 사람 조각과 짐승 조각, 형체를 알 수 없는 조각으로 구분할 수 있다. 사람 조각은 서포항 4기층과 농포유적에서 발굴되었는데, 서포항의 것은 짐승뼈를 납작하게 갈아 얼굴 테두리를 만들고 그 안에 굵직한 선을 새겨 눈·입·머리카락 등을 형상화한 것이다(사진 3-13). 농포유적의 것은 흙으로 구운 것으로, 머리가 떨어져나간 모습에 허리가 잘록하고 아래 부분이 퍼져 있어서 여성 조각으로 해석된다(사진 3-14).

짐승 조각으로는 새·개·돼지를 형상화한 것이 있다. 농포유적에서 나온 곱돌로 만든 새는 부리를 뾰족하면서도 길게 만들었고, 홈을 새겨 눈을 나타냈으며, 목을 잘록하게 갈아서 끈으로 매기 좋게 하였다. 또 흙으로 빚어 구운 개는 머리 부분만 형상화한 것으로, 빳빳이 선 귀, 내리뜬 눈, 뭉툭한 주둥이, 약간 빼문 혀 등, 개의 특징적인 모습을 잘 나타내었으며, 목 부분에는 구멍이 뚫려 있어서 휴대용이었던 것으로 보인다(사진 3-15). 돼지는 해주 룡당포유적에서 나왔는데, 돌로 만들었으며 주둥이를 뾰족하게 하였다.

어떤 짐승을 형상화 한 것인지 알 수 없는 조각품 중에는 서포항에서 나온 길이 3.3cm정도의 노루뼈를 섬세하게 다듬어 만든 것이 있는데, 몸에 반점이 있는 뿔을 가진 짐승을 만들려고 하였음이 분명하다.

이 밖에 신석기시대 사람들의 예술적 정서를 보여주는 자료로는 함북 무산

지초리의 바위그림을 들 수 있는데, 이것은 많은 타래무늬를 새겨놓은 선 그림이다. 그림은 절벽의 너비 3m, 높이 1m 크기의 바위면에 타래무늬의 선으로 마치 뱀이 도사리고 있는 형상을 새긴 것으로, 규모나 내용으로 봐서 여러 차례에 걸쳐 이루어진 것으로 보인다.[13]

이상과 같은 자료들을 통해서 신석기시대의 사람들은 앞선 시기보다 예술을 비롯한 정신문화가 발달된 수준에 있었음을 알 수 있다.

신석기시대 사람들의 예술활동은 원시신앙과 깊이 관계되어 있는 것으로 해석된다. 사람을 형상화한 조소품들은 일종의 신상(神像) 숭배로 보았고, 짐승을 형상화한 조각품들은 일종의 호신부로 여겨진다. 말하자면 신석기인들은 이러한 조각품들을 차고 다니면서 불행을 면하거나, 또 사냥이라든가 그 밖의 생산활동의 성과를 기대하는 주술적인 믿음을 가졌던 것으로 보인다.[14]

II. 북부지방의 신석기유적 (그림 3-6)

1. 집(터)

1) 선봉 서포항유적

함북 선봉군 굴포리 서포항동 동북쪽 산기슭에 위치한 이 유적은 1960~1964년까지 5차례에 걸쳐 발굴조사되었다. 이 유적에서는 맨 아래에 구석기 문화층이, 그 위에 신석기 문화층과 청동기 문화층이 겹쳐 있는데, 신석기시대 문화층에서 21채의 집터가 드러났다.

신석기시대의 문화층은 5기로 구분된다.

전기로 구분되는 서포항 1·2기에서는 5채의 집터가 발굴되었다. 이 가운데 9호 집터는 약 72㎡로 매우 큰 편이지만, 나머지 3·17·19·23호 집터는 대개 12㎡~16㎡ 사이로 자그마한 편이다. 9호 집터는 크기로 봐서 일종의 공공건물로 여겨지며, 나머지는 일반 집들로 생각된다. 집터의 모양은 둥근꼴과 모를 죽

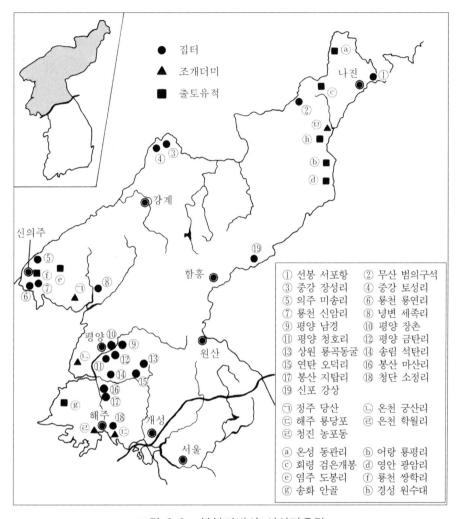

● 집터
▲ 조개더미
■ 출토유적

나진

강계

신의주

함흥

원산

평양

해주

개성

서울

① 선봉 서포항　　② 무산 범의구석
③ 중강 장성리　　④ 중강 토성리
⑤ 의주 미송리　　⑥ 룡천 룡연리
⑦ 룡천 신암리　　⑧ 녕변 세족리
⑨ 평양 남경　　　⑩ 평양 장촌
⑪ 평양 청호리　　⑫ 평양 금탄리
⑬ 상원 룡곡동굴　⑭ 송림 석탄리
⑮ 연탄 오덕리　　⑯ 봉산 마산리
⑰ 봉산 지탑리　　⑱ 청단 소정리
⑲ 신포 강상

㉠ 정주 당산　　　㉡ 온천 궁산리
㉢ 해주 룡당포　　㉣ 은천 학월리
㉤ 청진 농포동

ⓐ 온성 동관리　　ⓑ 어랑 룡평리
ⓒ 회령 검은개봉　ⓓ 영안 광암리
ⓔ 염주 도봉리　　ⓕ 룡천 쌍학리
ⓖ 송화 안골　　　ⓗ 경성 원수대

그림 3-6. 북부지방의 신석기유적

인 네모꼴의 2가지로 구분된다.

이곳에서는 우리나라의 유적 가운데 가장 다양한 자료들이 나왔다. 사냥·채집·고기잡이·농사·짐승의 사육 등을 증명하는 유물들과 바늘·삿바늘 등 살림도구도 나왔으며, 솜씨가 뛰어난 치레걸이와 예술품도 많다.

중기인 서포항 3기층에서는 타래무늬·덧무늬 등 새로운 무늬의 토기가 출토되었으며, 모양이 모두 네모꼴인 9채의 집터가 조사되었다. 9채의 집터 가운데 크기를 알 수 있는 것은 8호와 26호 집터뿐이다. 8호는 면적이 22㎡로 5~6명이 살았던 것으로 추정되며, 26호는 8.7㎡로 살림도구가 거의 없이 다양한 크기의 토기가 나와 일종의 저장고였던 것으로 여겨진다. 이 시기의 집은 그 터가 네모 꼴로 정형화되고 지붕이 땅에서 분리된 양면경사지붕에 용마루나 보가 사용된 새로운 모습이었음을 유적을 통해 확인할 수 있다.

유물 갖춤새는 앞 시기와 비슷하지만, 돌팽이·뿔팽이·갈돌·갈판·가락바퀴 등이 출토된 것을 볼 수 있다. 이러한 사실은 이 시기가 농경에 깊은 관심을 가졌던 때임을 알려준다. 조각품과 장신구의 수량도 증가하는데, 조각품에는 사람·뱀·개 등을 형상한 것이 있으며, 장신구로는 끝에 구멍을 뚫어 목에 걸도록 한 것 등이 있다.

후기로 편년되는 서포항 4·5기에서는 4기층에서 5채, 5기층에서 2채로 모두 7채의 집터가 조사되었다. 집의 모양은 네모꼴이며, 중기에 비해서 조금 커졌다.

4기층의 집터 가운데 집 모양을 알 수 있는 것은 21·22호 집터뿐인데, 움의 깊이·화덕자리 등은 큰 차이를 보이지 않지만, 기둥구멍의 배열상태로 봐서 용마루를 얹은 양면경사의 집이 일반화되었음을 알 수 있다. 이 층에서는 곰배팽이와 대리석으로 만든 팔찌가 새로 나왔으며, 출토된 토기에는 번개무늬 등이 새겨져 있어서 복잡해진 양상을 확인할 수 있다. 또한 새로운 모양의 그릇도 등장한다.

5기층에서는 7호와 16호 집터 2채가 조사되었다. 7호는 37㎡ 남짓한 큰 집터이나, 16호는 9㎡도 못 되는 작은 집터이다. 무산 범의구석유적 1기층의 집터들과 같은 성격으로, 중보나 용마루를 받치기 위해 기둥들을 세운 발달된 형태였던 것으로 보인다.

토기는 무늬가 퇴화하여 간략화되고 있으며, 아가리에 덧띠를 붙인 토기가 새롭게 등장한다. 뼈 연모로는 밥조개를 갈아 만든 반달칼 등이 나타난다(사진 3-16·사진 3-17).

이 유적은 우리나라 동북지방의 신석기시대 전 기간에 걸쳐 형성된 대표적인 유적으로, 각 시기별 연대를 보면 1·2기는 기원전 6천~5천년기, 3기는 기원전 4천년기, 4·5기는 기원전 3천년기이다.

* 김용간·서국태, 〈서포항 원시유적 발굴보고〉, 《고고민속론문집》 4(사회과학출판사), 1972.

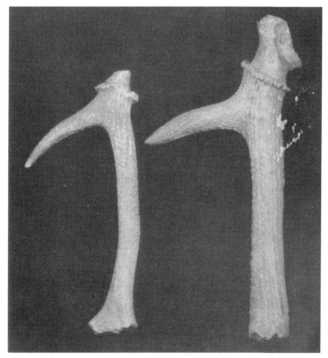

사진 3-16. 서포항 출토 타래무늬토기(높이 12.2cm)와 뿔괭이

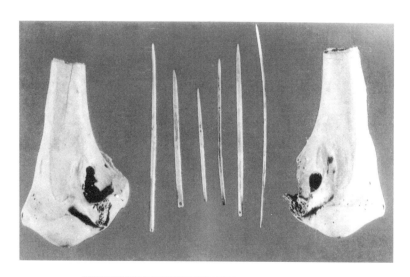

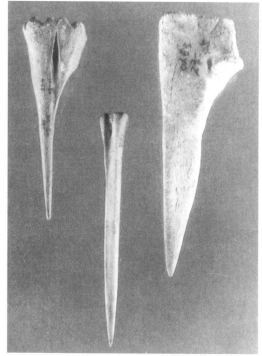

사진 3-17. 서포항 출토 뼈바늘·바늘통과 뼈송곳

사진 3-18. 범의구석 집터(2호)와 출토유물(굽 손잡이 토기[높이 14.6cm], 뼈 화살
촉, 곰배괭이)

2) 무산 범의구석유적

함북의 두만강 상류 무산계곡에 위치하고 있는 이 유적은 1959~1961년까지 5차례에 걸쳐 1,200㎡정도가 발굴되었다. 여기에서는 신석기시대의 집터 10채와 청동기시대 집터 23채 그리고 철기시대의 집터 21채, 이렇게 모두 54채의 집터가 발굴되었다.

문화층은 대략 6시기로 구분되는데, 신석기시대의 층위는 제1기층뿐이며, 제2~4기는 청동기시대층, 나머지는 철기시대 문화층이다.

제1기층에서 확인된 10채의 집터는 대부분 네모나 긴 네모꼴이 기본이며, 긴 축의 방향은 동서로 향한 것이 많다. 가장 큰 25호 집터는 400×470cm의 크기이며, 3호 집터는 350×340cm로 작다. 움의 깊이는 50~100cm로 바닥을 찰흙으로 다지거나 원토층을 그대로 바닥으로 한 것이다. 타원형으로 돌을 돌린 화덕이 확인되며, 줄을 이루어 배치가 된 수직으로 뚫은 직경 10~15cm, 깊이 15~20cm 정도의 기둥구멍이 나타난다. 이러한 것으로 봐서 서포항 5기층의 집터처럼 용마루·대공·중도리가 사용된 집이 있었음을 알 수 있다.

이곳에서는 번개무늬가 새겨진 빗살무늬토기를 비롯하여 흑요석 석기·화살촉·창끝·톱·도끼·곰배괭이·갈돌·그물추·뼈바늘·뼈송곳 등 다양한 유물이 출토되었다(사진 3-18).

이 문화층은 번개무늬 토기가 제작되는 수법이 신암리유적과 같고 서포항 5기층과 유사하여 신석기 말기인 기원전 3천년기말에서 2천년기초의 유적으로 추정된다.

   * 황기덕, 〈무산 범의구석유적 발굴 보고〉,《고고민속론문집》6(사회과학원출판사), 1975.

3) 중강 장성리유적

자강도 중강군 장성리에 위치한 이 유적은 홍수로 강안 충적층이 무너짐으로써 발견되어 1960년에 발굴조사되었다. 유적의 층위에서는 신석기시대부터 초기 삼국시대까지의 유물들이 뒤섞여 출토되고 있어서, 홍수로 인하여 다시 퇴적된 것으로 생각된다.

이곳에서는 신석기시대부터 철기시대에 이르는 유물이 출토되었는데, 신석기

토기에 나타난 무늬는 빗살무늬·각선무늬·덧무늬 등이다.

이 유적의 토기 유형이 서포항 유형과 청등말래 유형의 중간 형태, 즉 토성리 유형과 비슷한 것으로 봐서 그 연대를 기원전 3000년대 전반기로 비정하고 있다.

* 김종혁, 〈중강군 장성리유적 조사보고〉, 《문화유산》 6(과학원출판사), 1961.

4) 중강 토성리유적

이 유적은 자강도 중강군 토성리의 압록강 상류에 위치하고 있다. 토성중학교의 운동장 공사중 유구가 많이 잘려나간 채 발견되어 1960~1961년까지 2차의 발굴조사를 실시하였다. 움집 9채와 구덩이 2기, 그리고 화덕 4기가 확인되었는데, 신석기시대부터 철기시대에 걸친 유적들이다. 그 가운데 2·7·8호 집터와 5·6호 구덩이가 신석기시대에 해당한다.

2호 집터는 6.8×5m의 긴 네모꼴 움집으로 바닥의 중앙부에 강돌로 테를 돌린 화덕이 설치되어 있다. 집터 안에서는 편평밑바닥의 깊은 바리형 토기가 찾아졌는데, 곱돌이 섞여 있는 것과 찰흙으로 된 것이 있다. 전자는 아가리부터 바닥 위까지 고기뼈무늬가 베풀어져 있으며 후자는 몸통 상부에만 집선무늬가 새겨져 있다.

이외에도 고기뼈무늬가 베풀어져 있는 사발 모양의 토기와 번개무늬 토기조각이 출토되어서, 다른 지역의 토기무늬나 기형과 비교해볼 때 독특한 모습을 확인하게 된다.

석기로는 도끼·화살촉·그물추·팽이·흑요석 조각들이, 토제품으로는 가락바퀴가 출토되었다. 또 이곳에서는 짐승뼈들도 출토되어 주목된다(사진 3-19).

이 유적의 연대는 서포항유형 유물과의 비교를 통해 기원전 3천년대 전반기로 비정하고 있다.

* 정찬영, 〈토성리유적〉, 《유적발굴보고》 13(과학백과사전출판사), 1983.

5) 의주 미송리 동굴유적

평북 의주군 미송리에 위치한 이 유적은 석회암 동굴유적으로서, 1959년 과학원 고고학 및 민속학연구소에서 조사하였다. 이곳은 오래 전부터 석회석이 채취

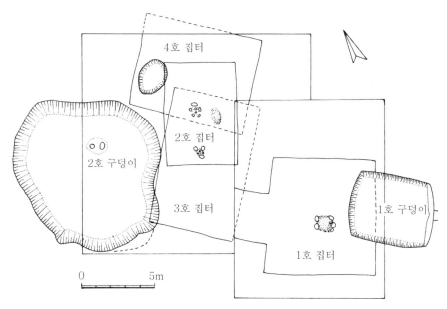

그림 3-7. 토성리 집터 분포도

사진 3-19. 토성리 출토 새김무늬토기·곰배괭이

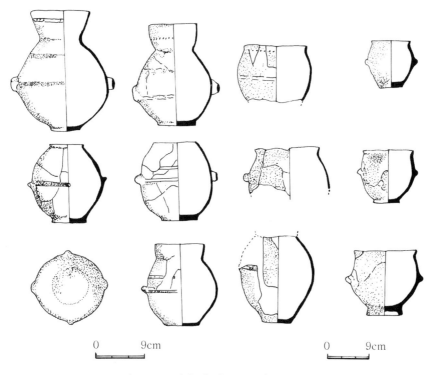

0   9cm

0   9cm

그림 3-8. 미송리 출토 토기(위 문화층)

되어서 조사당시 동굴 입구의 일부가 파괴되었다.

동굴 안은 매우 두터운 찰흙이 퇴적되어 있는데, 조사 결과 2개의 문화층이 확인되었다. 아래의 문화층은 신석기층이며 위의 문화층은 압록강·송화강 일대의 청동기시대 말기 유적과 관계가 깊은 층으로 여겨진다(그림 3-8). 아래 문화층의 빗살무늬토기는 몇 조각되지 않고 기형도 파악되지 않지만, 이들은 당산유적의 빗살무늬토기와 중국 동북지방의 임서현(林西縣) 부순영촌(富順永村)과 와분요촌(瓦盆窯村)의 빗살무늬토기들과 유사하기 때문에 동북지방의 기형 및 문양요소와 서북지방의 궁산문화 유형이 동시에 나타나는 중간적인 성격을 띠는 것으로 보아왔다.

그러나 최근 이곳에서 나온 꼬불무늬('之'자 무늬)가 베풀어진 토기 1점은 중국 요하를 중심으로 한 여러 유적에서 많이 나타나고, 이들 유적의 연대가 이른 시기로 편년됨에 따라 주변과의 관련성이나 연대 문제 등이 재검토되기에 이르렀다. 즉 지금까지 동북지방과의 관련성을 부인하고 신석기 전기에 해당하는 유적지로 보게 되었으며 '미송리~소주산' 유형이 새롭게 등장하게 되었다.

이러한 사실은 앞으로의 연구가 진행되어야 할 것으로 보인다.

* 김용간, 〈미송리동굴유적 발굴보고〉, 《고고학자료집》 3(과학원출판사), 1963.

6) 룡천 룡연리유적

평북 룡천군 룡연리 년두봉의 산 능선에 위치한 이 유적은 1972년 사회과학원고고학연구소의 발굴조사에서 의해서 움집 3채가 조사되었다.

이 움집에서 출토된 토기는 번개무늬가 주류를 이루며, 무늬 없는 토기가 섞여 있는 점이 특징이다. 바탕흙에는 운모와 가는 모래가 섞여 있으며, 간혹 흑연과 활석도 보인다. 석기로는 반달칼·숫돌·도끼·화살촉·자귀 등이 있고, 토제품의 가락바퀴가 출토되었다.

이 유적은 주민이 살던 부락의 위치, 규모, 집터의 배치상태, 집터 구조의 일단을 해석할 수 있게 하여 같은 문화성격의 신암리유적을 규명하는 데 도움이 된다.

신암리유적과 마찬가지로 신석기시대 말기로, 그 연대는 기원전 3천년대 후반기로 비정하고 있다.

* 강중광, 〈룡연리유적발굴보고〉, 《고고학자료집》 4(사회과학출판사), 1974.

7) 룡천 신암리유적

이 유적은 평북 룡천군 소재지에서 약 4km 정도 떨어져 있는 신암리의 서쪽(청등말래·축사 앞), 남쪽(공동묘지), 북쪽(모래산) 구릉에 위치한다. 1958~1974년까지의 6차 발굴조사에서 신석기~초기 철기시대까지의 문화층이 확인되었다.

신암리유적은 4개의 지점으로 나뉘는데, 청등말래(1지점), 모래산(2지점), 청등말래의 축사 앞(3지점), 3지점 서쪽 비탈(4지점)이 그것이다.

신석기시대의 유구로는 청등말래에서 움집 1채, 축사 앞 유적에서 구덩이 1기가 조사되었다.

이 문화층의 토기는 편평밑바닥의 둥근 몸통에 목이 달려있는 항아리가 기본형이며, 그 밖에 굽잔과 바리형 토기가 있다. 토기의 겉면에는 덧무늬와 새김무늬가 배합되어 베풀어진 것이 많은데, 무늬로는 고기뼈·단추·세모꼴·번개·덧·그물무늬 등이 보인다. 토기의 바탕흙에는 운모와 흑연이 섞인 것이 대부분인데, 활석을 섞은 것도 몇 점 있다. 이 밖에 3지점에서는 청등말래보다도 좀더 다양한 형태의 굽토기와 함께 요동반도에서 출토되는 채색토기조각이 발굴되어 주목된다(사진 3-20).

석기로는 도끼·달도끼·반달칼·대패날·낫 등이 있고, 토제품으로는 가락바퀴·그물추가 보인다.

이 신암리유적은 기원전 3천년기 말엽의 신석기시대층인 청등말래유적에서 기원전 2천년기 후반까지 근 1천년 동안에 이르는 문화의 변천과정을 살필 수 있는 중요한 유적으로 평가된다.

* 신의주력사박물관, 〈1966년도 신암리유적 발굴 간략보고〉, 《고고민속》 2(사회과학원출판사), 1967.

사진 3-20. 신암리 토기 출토 모습

8) 녕변 세죽리유적

이 유적은 평북 녕변군 세죽리에 있는 청천강가의 하안 충적층에 위치하는데, 1962~1963년의 발굴조사로 신석기시대부터 초기 철기시대에 이르는 문화층이 확인되었다.

, 신석기층에서는 집터 1채와 포함층이 조사되었다. 이 집터는 홍수에 일부가 깎여서 조사 당시에는 동서 450×남북 350×깊이 70cm 규모로 남아 있던 긴 네모꼴 움집이다. 바닥은 찰흙으로 다져져 있으며, 그 중앙부에는 돌로 테를 돌린 화덕이 놓여 있다. 집터 안에서는 바탕흙에 활석이 섞여 있고 띠무늬·세모꼴무늬·무지개무늬가 조합되어 새겨져 있는 금탄리 1기의 토기들이 출토되었다.

한편 포함층에서는 편평밑바닥의 바리형 토기에 고기뼈무늬가 지그재그로 베풀어져 있는 것이 출토되었는데, 이 토기의 바탕흙에는 모래와 운모가 섞여 있어서 집터에서 나온 것과 차이를 나타낸다.

석기로는 움집의 바닥에서 갈돌·발화석·목걸이 장신구가 각 1점씩 출토되었다.

이 유적의 집터 안에서는 주로 금탄리 1기의 유물이 출토되지만 밖의 포함층에서는 금탄리 2기의 유물이 보이기 때문에, 움집 안은 기원전 3천년대 전반기로, 밖은 기원전 3천년대 후반기로 보고 있다. 이 유적은 궁산 유형의 문화와 토성리 유형의 문화가 만났던 지역으로 생각된다.

  * 김정문·김영우, 〈세죽리유적발굴 중간보고(1)·(2)〉,《고고민속》 2·4(사회과학원 고고학
    및 민속학연구소), 1964.

9) 평양 남경유적

이 유적은 평양시 삼석구역 호남리 남경마을의 앞 벌판인 대동강의 오른쪽 기슭에 위치한다. 1979~1981년의 3차에 걸친 사회과학원 고고학연구소의 발굴조사에서 신석기부터 초기 철기시대까지의 유구가 조사되었다(사진 3-21).

신석기시대층에서는 집터 5채가 조사되었는데, 이들은 2개의 부류로 구분된다. 하나는 바탕흙에 곱돌을 섞어 만든 토기만 있는 12·17·37호 집터(남경 1기)이고, 다른 하나는 곱돌을 섞지 않은 토기들이 출토된 31·32호 집터(남경 2

사진 3-21. 남경유적 전경

사진 3-22. 남경 출토 새김무늬토기와 그물추

기)이다. 금탄리유적의 예로 미루어 남경유적의 경우 바탕흙에 곱돌을 섞은 토
기가 나온 집터가 그렇지 않은 집터들 보다 시기적으로 앞섰다고 여겨진다.

2기 집터 안에서는 금탄리 Ⅱ문화층의 토기와 유사한 것들과 함께 덧무늬와 번개무늬가 들어 있는 편평밑바닥의 목항아리가 출토되었다. 이 목항아리는 궁산 유형의 다른 유적에서는 보이지 않는 토기로 서포항 유형의 토기와 유사성을 보인다.

석기로는 도끼·자귀·갈판·갈돌·화살촉·그물추·칼·시문구 등이 보인다. 31호 집터는 움 안이 아래위로 단이 이루어져 있는데, 위 단에서는 2,600여 개의 그물추, 아래 단에서는 갈판 5개와 좁쌀 1되가 출토되었다. 이러한 점으로 볼 때 이 집터는 공동행사를 하기 위한 곳이었으리라 생각된다(사진 3-22).

이러한 것으로 봐서 남경 1기는 금탄리 Ⅱ문화층보다 약간 앞선 시기임을 알 수 있고, 남경 2기는 금탄리 Ⅱ문화층보다 뒤의 시기이므로, 그 연대를 각각 기원전 3천년대 후반기와 기원전 2천년대 전반기로 비정하였다. 특히 2기는 신석기시대 말기에서 청동기시대 문화로 넘어가는 과도기로 보고 있다.

* 석광준·김용간, 《남경유적에 관한 연구》(과학백과사전출판사), 1984.

10) 평양 장촌유적

평양시 룡성구역 어은동 장촌부락에 위치한 이 유적은 1982년도에 사회과학원 고고학연구소와 조선 중앙력사박물관에서 조사하였다. 장촌마을 뒷산의 능선 중턱에서 신석기시대 후기인 궁산 4기에 해당하는 집터 2기가 발굴되었다.

이 집터 중 하나는 긴 타원형의 움집으로 남경유적 31호와 같은 특이한 예에 속한다. 이곳에서는 농경활동이 더욱 활발하였음을 알려주는 3쌍의 갈돌·돌도끼·자귀 등이 나왔다.

빗살무늬토기로는 모래가 많이 포함된 바탕흙으로 만든 독·항아리·단지 등 비교적 큰 그릇들이 있는데, 그릇 전체에 전나무잎무늬를 베풀었다. 그리고 선 혹은 점에 가까운 짧은 선을 가로 또는 사선으로 그어 띠를 돌린 자그마한 단지류도 출토되었다. 이러한 것은 궁산 4기의 전형적인 특징을 가지고 있는 유물들이다(사진 3-23).

* 석광준·허순산, 〈장촌유적발굴보고〉, 《조선고고연구》 4(사회과학출판사), 1987.

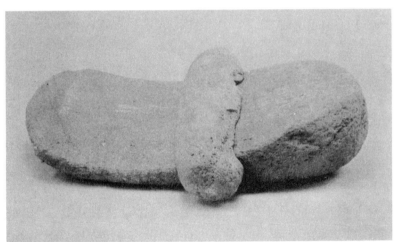

사진 3-23. 장촌 출토 새김무늬토기(높이 36cm)와 갈돌(길이 48cm)

11) 평양 청호리유적

평양시 대성구역 청호동의 대동강 강안에 위치한 이 유적은 충적평야에 있는 집터유적이다.

이곳에서는 단일시기로 보이는 4개 층위로 구분되는데, 각 층에서 다수의 빗살무늬토기를 비롯하여 뗀돌도끼, 그물추, 토기손잡이, 사슴이빨 등이 출토되었다.

맨 아래층에서는 사방 1.8m규모의 방형집터 1채가 확인되었는데, 이 집터의 바닥에는 편평한 돌을 깔았으며, 그 중앙부에는 돌을 돌려 만든 화덕자리가 1개 있었고, 그 옆에서 빗살무늬토기 1개체 분이 깨어진 채로 출토되었다. 이러한 형태의 돌깐집터는 강화도 삼거리, 강원 춘성 내평리에서 각각 1채씩 조사된 적 이 있어서 비교해 볼 만하다.

빗살무늬토기는 모두 뾰족밑이며 고기뼈무늬가 시문된 것이 전체의 80% 정 도를 차지하고 있다.

이 유적에서 출토된 토기와 석기는 이곳과 가까운 금탄리 2문화층과 유사하 여 기원전 2천년대 전반기로 비정하고 있다.

* 笠原烏丸,〈櫛目文土器を發見せる北鮮淸湖里遺蹟に就いて〉,《人類學雜誌》51-5·6, 1936.

12) 평양 금탄리유적

이 유적은 평양시 사동구역 금탄리의 하안단구층에 위치한다. 남강의 흐름으 로 잘려나간 단면에 여러 문화층이 확인됨에 따라 1955년 과학원 고고학연구소 에서 발굴하였다.

이곳에서는 시기가 다른 3개의 문화층이 조사되었는데, I·II문화층은 신석기 시대, III문화층은 청동기시대의 것으로 확인되었다.

I문화층에서는 긴 축이 남북으로 놓인 집터 1채가 조사되었다. 집터의 바닥은 진흙을 깔아 다졌고 그 중앙부에는 점토 띠로 테를 돌린 화덕이 설치되어 있었 다. 움의 깊이는 30~50cm로 이 안에서 톱날무늬·고기뼈무늬 등을 교대로 새 긴 활석질의 빗살무늬토기와 도끼·화살촉·보습·그물추 등의 석기가 출토되 었다.

II문화층에서는 네모꼴·긴 네모꼴의 4채의 집터가 조사되었다. 이 집터 안에 서는 둥근 바닥의 토기 전면에 고기뼈무늬가 있는 것, 무늬가 전혀 없는 것, 한 줄의 무늬가 간단하게 들어 있는 것 등이 출토되었다(그림 3-9). 석기로는 화살 촉·도끼·괭이·숫돌·갈판·자귀·팔찌·판암제 장신구 등이 출토되었으며, 9 호 집터 밖의 1m 지점에서는 그물추 600여 개가 한자리에서 수습되었다.

이 유적의 I·II문화층은 궁산과 지탑리의 문화 요소 위에 새로운 무늬를 베

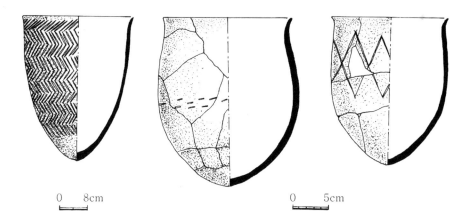

0   8cm

0   5cm

그림 3-9. 금탄리 출토 새김무늬토기(2문화층)

푸는 토기가 등장하는 것이 특징이다.

궁산문화 유형의 요소가 남아 있는 것으로 봐서 이 문화를 궁산 유형에 포함시키고, I문화층은 기원전 3천년대 전반기, II문화층은 기원전 2천년대 전반기로 비정하고 있다.

* 김용간, 〈금탄리원시유적 발굴보고〉, 《유적발굴보고》 10(사회과학원출판사), 1964.

13) 상원 룡곡동굴유적

평양시 상원군 룡곡리의 호장산 기슭에서 룡곡 1호 동굴과 2호 동굴을 1980~1981년에 김일성종합대학에서 발굴조사하였다.

제1호 동굴에는 동굴입구의 너비 5~6m, 높이 3m, 길이 16m 되는 큰 공간에 퇴적층이 형성되어 있는데 모두 5개의 문화층을 가진다. 이중 신석기시대의 문화층은 5문화층으로 돌도끼와 갈돌이 출토되었으며, 사람의 위턱뼈 화석과 새김무늬그릇 등이 나왔다.

제2호 동굴은 퇴적층의 두께가 3.9m인데, 3개의 문화층 가운데 2개의 문화층이 신석기시대이다. 이 층에서 발굴된 2개체의 인류화석은 이빨의 특징으로 봐서 45세 가량 되는 남자의 아래턱뼈이다. 석기로는 돌괭이·호미·도끼·낫·보습·자귀·갈돌·발화석 등이, 뼈연모로는 송곳·찔개살 등이 출토되었다. 100

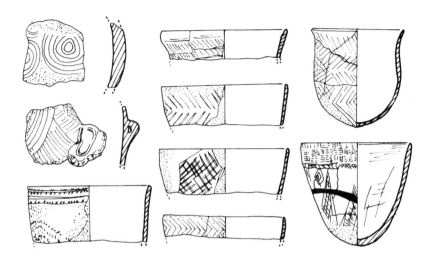

그림 3-10. 룡곡동굴 출토 새김무늬토기(2문화층)

여 점이 넘는 토기는 새김무늬와 누름무늬를 한 둥근밑의 단지·바리·보시기 등이 주를 이룬다. 또한 동물뼈 화석은 메토끼·오소리·승냥이 등 11종 897점에 이른다. 그 밖에 토기로 만든 장식품이 발굴되어 신석기문화연구에 귀중한 자료가 되고 있다(그림 3-10).

이 유적의 신석기시대 문화층은 중기에 해당하는 기원전 4천년기에 속하는 것으로 비정된다.

* 김일성종합대학, 《룡곡동굴유적》(사회과학출판사), 1986.

14) 송림 석탄리유적

이 유적은 송림시 석탄리의 북쪽을 흘러 대동강으로 들어가는 매상천 옆의 낮은 야산에 위치하는 집터유적이다.

이곳에서는 주로 청동기 시대에 속하는 유물과 유구가 확인되었지만, 그 속에 집터 1채(제16호)와 약간의 빗살무늬토기가 신석기시대의 것으로 확인되었다.

지표면에서 약 40cm 아래에 빗살무늬토기조각이 깔려 있는 집터 바닥이 확인되었는데, 많이 파괴된 상태였다. 규모는 동서의 길이가 3m, 남북의 너비가 1m였다.

집터에서 나온 유물은 4~5개체 분의 뾰족밑 빗살무늬토기인데, 고기뼈무늬가 주류를 이루며 번개문과 단선열문도 보인다.

＊ 리기련, 《석탄리유적 발굴보고》(유적발굴보고 제12집), 1980.

15) 연탄 오덕리유적

황해북도 연탄군 오덕리에 위치하며 신석기시대에서 청동기시대에 걸친 문화층과 많은 고인돌이 확인된 유적이다.

이 유적의 신석기시대 문화층에서는 2채의 집터가 확인되었는데, 이 오덕리 1·2호 집터는 신석기시대 중기인 기원전 3천년기 전반에 형성된 것으로 보고 있다.

이곳에서는 돌낫이 출토되기도 하였다.

＊ 석광준, 〈오덕리 고인돌 발굴보고〉, 《고고학자료집》 4(사회과학출판사), 1974.

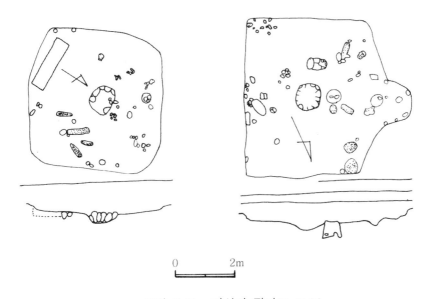

0   2m

그림 3-11. 마산리 집터(5·21호)

16) 봉산 마산리유적

황해북도 봉산군 마산리에 위치한 이 유적은 사회과학원 고고학연구소에서 행한 1987~1988년의 조사로 650㎡ 범위 안에서 12채의 집터가 발굴조사되었다.

집터들의 평면윤곽은 한 변의 길이가 5m쯤 되는 대부분 모를 죽인 네모꼴이고, 3호의 경우는 긴 네모꼴, 7호는 둥근꼴이다. 출입구의 모습은 대부분 반달형으로 너비는 약 150cm정도이다. 집터의 깊이는 대체로 30~40cm이나 9호의 경우는 65cm, 18-ㄴ호는 18cm로 나타난다. 일부 집터에 기둥구멍이 나타나며 화덕자리 · 저장구덩 등이 보인다.

출토유물로는 보습 · 갈돌 · 도끼 · 자귀 · 대패날 · 끌 · 화살촉 · 그물추 · 가락바퀴 등이 있고, 새김무늬가 새겨진 단지, 바리 등의 빗살무늬토기가 나타난다. 발굴된 100개체 정도의 빗살무늬토기들은 둥근밑그릇이 기본이며, 곧은점선묶은무늬 · 점선물결무늬 · 전나무잎무늬 · 사선띠무늬 등이 새겨지거나 아무런 무늬가 없는 토기들이다. 특히 7호 집터에서는 탄화된 조가 출토되어 주목된다.

이 유적은 집터의 구조나 유물갖춤새로 봐서 지탑리유적 2기층과 유사한 것으로 여겨진다(그림 3-11).

* 변사성 · 고영남, 〈마산리유적의 신석기시대 집자리에 대하여〉,《조선고고연구》 4(사회과학원고고학연구소), 1989.

17) 봉산 지탑리유적

1957년 조사된 이 유적은 황해북도 봉산군 문정면 지탑리 토성 주변에 위치한다. 이곳은 2지역으로 나뉘어 조사되었는데, 1지구는 토성의 안쪽에 있고 2지구는 1지구에서 동남쪽으로 약 750m 떨어진 서흥천 부근에 있다.

제1지구의 층위는 선사문화층 · 고대문화층 · 중세문화층으로 구분된다. 이중 선사문화층에서 신석기시대의 집터 1채(1호)가 확인되었다(사진 3-24).

지탑리 1호 집터는 평면이 네모꼴로서, 한 변의 길이는 7m 정도이고 40~50cm 정도의 움을 판 다음 움벽과 바닥에 찰흙을 쌓아 보강한 반움집이다.

집터의 가운데에는 강돌로 둘레를 만든 남북의 길이가 110~120cm 정도 되는 타원형의 화덕자리가 있으며, 화덕 곁에는 아가리의 직경이 65cm나 되는

사진 3-24.   지탑리 집터(1호)와 출토유물(새김무늬토기 · 창끝)

큰 그릇의 밑 부분을 떼고 거꾸로 묻어서 저장움으로 쓴 것도 있었다.

출입구는 두 곳에 있었는데, 하나는 동북벽 가운데에, 다른 하나는 동남벽 중간에 있었다.

이 집터의 토기는 석면과 곱돌이 섞여 있는 바탕흙으로 만든 것인데, 아가리·몸통·밑부분에 각각 다른 무늬가 베풀어져 있는 계란 모양의 빗살무늬토기이다.

한편 1호 집터의 퇴적층과 교란층에서 출토된 토기는 집터보다 무늬 없는 토기와 편평밑바닥의 비율이 높고 무늬가 다양해지며 밑부분의 무늬가 생략되어 있는 것이 특징이다.

제2지구에서는 완전한 2채(2·3호)와 파괴된 1채의 집터가 확인되었다. 이 집터 안에서는 대체로 1호 집터와 비슷한 유물들이 출토되었으나 무늬가 약간 다양하게 베풀어져 있다. 한편 2호 집터 북벽 밑에서는 3홉 가량의 피(조?)가 토기에 담긴 채로 출토되었고, 보습·낫 등의 농경구가 확인됨에 따라 우리나라 농경사 연구의 귀중한 자료가 되고 있다.

북한학자들은 이 유적을 2·3호 집터, 그리고 1호 집터의 순으로 그 연대를 기원전 4천년대, 기원전 3천년대 초, 기원전 3천년대 전반기로 추정하였다.

　　＊ 도유호, 〈지탑리 원시유적〉, 《유적발굴보고》 8(과학원출판사), 1961.

18) 청단 소정리유적

황해남도 청단군 소정리에서 남쪽으로 700m 정도 떨어진, 동서로 긴 구릉 위에 자리 잡고 있는 이 유적에서는 신석기시대 집터 11채와 청동기시대 집터 4채가 조사되었다.

이들은 구릉 위의 약 7000㎡ 범위 안에서 발굴되었는데, 모두 움집이며 평면 형태는 원형·타원형·장방형·말각방형·말각장방형 등 다양하다. 가장 큰 9호 집터의 규모는 660×520cm 정도이고 가장 작은 8호 집터는 370×280cm이다. 바닥은 대개 평탄하고 불로 구워서 단단하며, 바닥 가운데에 돌을 돌리거나 오목하게 판 화덕자리가 있다. 이들 집터는 단벽쪽에 좁고 긴 복도식의 출입구를 마련하고 있는 공통점을 갖는다.

유물은 갈돌판 일부를 제외하고는 모두 토기조각 뿐이었는데, 약 40개체 분이었다. 찰흙과 차돌모래를 섞은 바탕흙에 뾰족밑을 가진 토기가 주류를 이루며, 무늬는 주로 어골무늬로 대개 아가리와 몸통부분까지만 새겨진 것이 많다.

이 유적의 집터들은 제1기(1·7·9·11·15호)와 제2기(2·3·4·6·8·10호)로 구분하며, 1기는 궁산문화 3기에, 2기는 궁산문화 4기에 속하는 것으로 추정한다.

　　* 변사성, 〈소정리유적 제1지점의 신석기시대 집자리보고〉, 《조선고고연구》 3(사회과학출판사), 1992.

19) 신포 강상유적

이 유적은 함남 신포시 강상리 호숫가 모래언덕에 있는데, 알려진 것은 1957년이며, 다시 1975~1976년에 집터 2채, 우등불 7개소가 발굴되었다.

문화층은 모래층 아래로 약 30cm 두께의 검은 모래층이다. 이곳에서는 310여 개체 분에 달하는 빗살무늬토기조각들이 발견되었으며 복원된 것도 13점에 달한다. 그릇 종류는 단지·대접·보시기·손잡이 달린 그릇 등이며, 누른무늬·그은무늬·새김무늬 등이 입혀져 있다. 그 밖에 80여 개체 분의 민무늬토기조각도 출토되었는데, 둥근밑과 편평밑 그릇이 공반된다. 석기로는 도끼·화살촉·그물추·흑요석제의 뗀석기조각 등이 있다.

이 유적의 토기들은 동·서 해안의 특징이 혼합되어 있는데, 이 점이 독자적인 유형으로 설정될 수 있다고 보고 있다. 시기는 궁산 II기·서포항 III기와 비슷하나, 타래무늬·번개무늬가 나타나지 않기 때문에 기원전 3천년기 이전으로 보고 있다(사진 3-25).

동해안 유적의 특징을 보이는 것으로 해석하고 있어서 오산리유적 등과의 연관을 고려한 듯하다.

　　* 변사성·안영준, 〈강상리유적의 질그릇 갖춤새에 대하여〉, 《조선고고연구》 2(사회과학출판사), 1986.

2. 조개더미

1) 정주 당산유적

평북 정주군 덕언면 대산리 당산에 위치한 조개더미유적이다. 제석산이 서북

사진 3-25. 강상 출토 새김무늬토기

쪽으로 뻗어내리면서 이루어진 '당모루'라는 자그마한 구릉의 서쪽 밑 밭 가운
데에 있는데, 규모는 남북의 길이가 40m, 동서의 너비가 20m로, 약 800㎡의 면
적이다.

이 유적은 2개의 문화층으로 이루어져 있으며, 위의 문화층은 청동기시대의
이른 시기로, 아래의 문화층은 신석기시대의 늦은 시기로 추정된다.

아래층 유물 중 가장 많은 것은 토기조각인데, 뾰족밑 빗살무늬토기가 주를
이루지만, 간혹 편평밑도 출토되어 주목된다. 무늬는 전면에 단사선문이나 고기
뼈무늬를 시문한 것이 대부분이고 융기문이나 번개문이 새겨지기도 하여, 중서
부와 동북지방의 문화 요소가 혼합되어 있다.

갈돌대·낫·끌·그물추 등의 석기와 칼·송곳·뼈바늘·뒤지개 등의 뼈연모
도 출토된다.

이 유적은 우리나라 동북·서북·중서부지역의 문화가 결합되어 나타나는 문
화완충지대적 성격을 가지며, 그 시기는 궁산문화 4기에 해당하는 신석기시대
말에 해당한다.

* 차달만, 〈당산조개무지유적 발굴보고〉, 《조선고고연구》 4(사회과학출판사), 1992.

2) 온천 궁산리유적

이 유적은 평남 온천군 해운면 운하리(옛지명 : 룡강군 궁산리) 해안가에 위치한
다. 1950년 발굴조사에서 확인된 움집 5기는 아래층의 1·3·4호 집터, 위층의

2·5호 집터로 구분된다.

1호 집터는 평면이 둥근꼴로, 깊이 120~130cm의 움을 파고 찰흙으로 바닥을 다진 전형적인 움집이다. 서남쪽에 출입문을 만들었고, 집터 바닥에 21개의 기둥구멍을 배치하였다. 이 기둥구멍은 지름이 10~20cm, 깊이가 10~20cm 되는 것들로, 중앙을 향해서 경사를 이루고 있다. 이러한 사실은 이 집이 서까래 자체가 땅에서 분리되지 않은 원추형 고깔지붕의 초막이었음을 알려준다.

화덕자리는 78~90cm 정도의 타원형으로, 집터 바닥을 30cm 파고 그 둘레를 깬 돌로 둘러놓았으며, 그릇의 밑을 떼어 저장움으로 사용한 듯한 토기가 거꾸로 세워진 채 발견되기도 하였다.

3호 집터는 평면 모양을 확인하기가 어려웠고, 4호는 원형이었으나 기둥이 곧추선 것으로 조사되어 주목되었다. 그러나 외형상 원추형에 가까운 고깔지붕이었으며, 밖에서 봐서는 지붕과 벽체가 분리되지 않은 집으로, 1호 집터와 같이 전기 신석기시대의 것으로 보고 있다.

위층의 2호 집터는 조가비 층을 파고 지은 집인데, 화덕자리와 수직으로 뚫린 기둥구멍만이 확인되었다.

5호 집터는 짜임새가 궁산 아래층과는 다르고 2호 집터와 공통되기에 위층의 것으로 분류된다. 평면은 긴 네모꼴에 가까운 형태이며 면적은 20㎡ 미만이다.

이 유적에서는 빗살무늬토기와 함께 돌도끼·화살촉·낫·갈돌 등이 출토되었으며(사진 3-26), 뼈연모로는 괭이·뒤지개·바늘 등이 보이는데, 바늘 한 점은

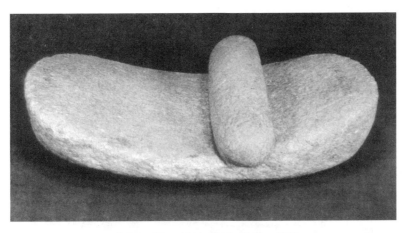

사진 3-26. 궁산 출토 갈돌·갈판

귀에 베실이 꿰어진 채로 출토되었다. 멧돼지 이빨·사슴뿔 등을 이용하여 농구를 만든 것도 보이는데, 이는 중국 하모도(河姆渡) 유적과 비교되어 우리나라 신석기시대 농경연구에 좋은 자료를 제공한다.

또 이곳에서는 사슴·영양·멧돼지·삵·새 뼈 등이 보고되었으며, 개도 기른 것으로 여겨진다. 그리고 이곳에서 출토된 물소 뼈는 신석기시대의 기후 등을 연구하는 데 귀중한 자료로서 주목된다. 그러나 이러한 유물들이 출토된 층위에 대한 정확한 설명이 없어서 해석에 어려움이 있다.

이 유적은 집터 출토유물의 비교로 5채의 집터 중 1·3·4호를 궁산문화 Ⅰ기로, 2·5호를 궁산문화 Ⅱ기로 비정하고, Ⅰ기는 기원전 5천년기, Ⅱ기는 기원전 4천년기 후반으로 연대 설정을 하였다.

* 황기덕·도유호, 〈궁산원시유적발굴보고〉, 《유적발굴보고》 2(과학원출판사), 1957.
* 김용남, 〈궁산문화에 대한 연구〉, 《고고민속론문집》 8(과학백과사전출판사), 1983.

3) 해주 룡당포유적

황해남도 해주시 룡당포의 해안가에 위치한 이 유적은 1960년에 발굴조사되었다. 출토된 토기는 무늬가 있는 것과 없는 것이 있는데, 전자는 둥근 바닥이고 후자는 편평밑이다. 무늬는 고기뼈·문살·점열무늬 등이 있고, 석기로는 곰배괭이·그물추·갈돌·화살촉 등이 출토되었다. 이 유적은 신석기시대 중기의 것으로 보고 있다(그림 3-12).

* 김용남, 〈해주시 룡당리 룡당포 조개무지 유적조사보고〉, 《고고민속》 1(사회과학원 고고학 및 민속학연구소), 1963.

4) 은천 학월리유적

황해남도 은천군 학월리 반월마을 뒤에 있는 조개더미유적이다. 규모는 길이 50~60m, 너비 8~10m, 두께 3m 정도의 총 면적 400~600㎡로, 출토되는 조개류는 굴·밥조개·백합조개·섭조개·골뱅이 등인데, 그중에서도 굴과 백합조개, 골뱅이가 많다.

빗살무늬토기류는 이깔잎모양·줄무늬·삼각형의 무늬들이 새겨져 있으며, 금

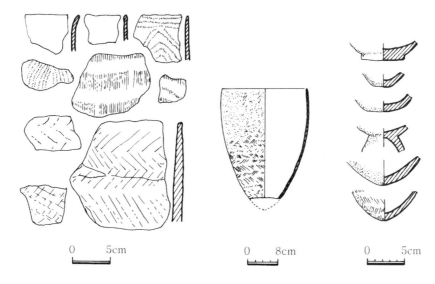

그림 3-12. 룡당포 출토 토기

탄리유적이나 송화 덕안리유적 등과 비교해볼 때 신석기시대 늦은 시기의 편평
밑 빗살무늬토기 갈래의 특징을 보인다.

   * 리원조, 〈황해남도 북부지방 유적답사〉,《문화유산》 6(과학원출판사), 1961.

5) 청진 농포리유적

   함북 청진시 송평구역 농포리 바닷가의 산기슭에 위치한 이 유적은 1956년에
발굴조사되었다(사진 3-27).
   이 유적의 토기로는 번개무늬토기와 채문토기가 보이는데, 단지·바리·보시
기 등 작은 그릇의 번개무늬는 두 줄의 평행선 사이에 점이나 빗금이 채워져
있는 것이 특징이다. 그 외에 굽토기·항아리·접시 등 다양한 기형의 토기가
출토되고 있다.
   석기로는 흑요석제 뗀석기와 함께 도끼·화살촉·그물추·숫돌 등의 간석기
가 출토되었다.
   뼈연모로는 바늘·찔개살·송곳·작살 등이, 토제품으로는 가락바퀴·그물추
등이 보인다. 특히 이 유적에서는 사람·새·개 등의 조각품이 출토되었는데,

사진 3-27. 농포리 출토 새김무늬토기·샷바늘·돌도끼

모두 목에 걸기 위한 구멍이나 홈이 만들어져 있다.

또한 이곳에서는 동물의 뼈와 조개껍질이 다량 출토되었는데, 동물 뼈는 개·산돼지·노루·사슴·새·물고기 등이고, 조개껍질은 굴·밥조개·백합·홍합·미영조개 등이다.

이 유적은 번개무늬토기와 기형의 연구 결과 서포항 IV기인 기원전 3천년대 전반으로 보고 있다.

> * 고고학연구실, 〈청진 농포리 원시유적발굴〉,《문화유산》4(과학원출판사), 1957.

3. 출토유적

1) 온성 강안리유적

이 유적은 함북 온성군 강안리의 종관천을 사이에 두고 물의 북쪽과 남쪽지역에 위치하고 있는데, 1957년 과학원의 고고학 및 민속학연구소에서 조사하여 빗살무늬토기와 석기들을 수습하였다.

이곳은 양쪽을 합쳐 4만㎡나 되는 넓은 면적에 완전히 보존된 훌륭한 유물포함층을 지니고 있어서 주목된다.

> * 황기덕, 〈두만강유역과 동해안일대의 유적조사〉,《문화유산》6(과학원출판사), 1957.

2) 어랑 룡평리유적

함북 어랑군 룡평리의 호수근처에서 유물과 숯, 재가 섞인 문화층이 나타났다.

이곳에서는 돌도끼·창끝·홈끌·칼·자귀 등의 석기와 빗살무늬토기조각이 10여 점 출토되었다. 빗살무늬토기로는 아가리 아래에 잘록한 목이 생기고 배가 부른 편평밑의 단지가 특징적이며, 그릇의 상부에 장방형의 무늬새기개로 누른 무늬가 있다.

> * 렴주태, 〈함경북도에서 새로 알려진 유적과 유물〉,《고고민속》2(사회과학원출판사), 1965.

3) 회령 검은개봉유적

함북 회령군 영수리에 위치한 검은개봉유적은 서포항유적 제3기층에 속하는 것으로 여겨진다.

이곳에서는 크기는 좀 작지만 지탑리유적에서 드러난 것과 비슷한 생김새의 돌보습과 함께 타래무늬 그릇조각, 무늬새기개 등이 출토되었다.

타래무늬는 무늬 줄의 한 끝을 중심에 놓고 점차 원을 넓혀가는 식으로 감아 돌린 것인데, 이 타래무늬로 장식한 그릇들은 목이 잘록하고 들린 굽을 가진 배부른 단지형태이며, 그릇의 두께가 얇으면서 단단하다. 기형과 그것에 새긴 무늬는 당시 사람들이 높은 예술적 정서와 기교를 집중적으로 표현한 공예품이라 할 수 있을 정도로 세련된 솜씨를 보여준다(그림 3-13).

* 황기덕, 〈두만강유역과 동해안일대의 유적조사〉, 《문화유산》 6(과학원출판사), 1957.

4) 영안 광암리유적

광암리유적은 신석기와 청동기시대에 걸친 유물포함층으로 함북 영안군 광암

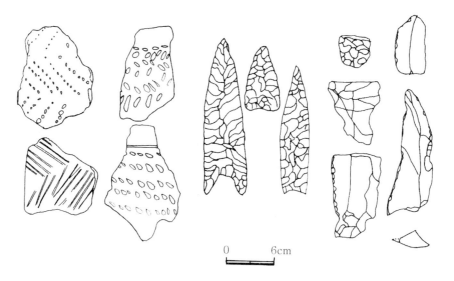

0   6cm

그림 3-13. 검은개봉 출토 토기와 석기

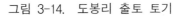

0　　　8cm

그림 3-14. 도봉리 출토 토기

리에 위치한다.

　이곳에서는 전나무잎무늬·격선무늬·삼각형무늬·평행선무늬 등이 새겨진 빗살무늬토기가 나오고 도끼·대패날·곰배팽이·반달칼·흑요석기 등이 수습 되었다.

　청동기시대의 유물로는 붉은 간토기·검은 간토기 등이 있다.

　　* 렴주태, 앞의 글, 1965.

5) 염주 도봉리유적

　이곳은 평북 염주군 도봉리의 해발 약 30m정도의 나지막한 야산에 있는 유물산포지이다.

　여기서는 신석기시대 후기의 번개무늬토기조각 등이 수습되었다(그림 3-14).

　　* 리병선, 〈평안북도 룡천군, 염주군일대의 유적답사보고〉, 《문화유산》 1(과학원출판사), 1962.

6) 룡천 쌍학리유적

　평북 룡천군 쌍학리의 낮은 구릉지대에 위치하는데, 토탄층 밑에서 선사시대

사진 3-28. 쌍학리 출토 번개무늬토기

의 석기 및 토기편이 수습되었다. 토기들은 덧무늬와 번개무늬가 결합된 양식으로 염주 도봉리유적과 비교된다(사진 3-28).

신석기시대의 가장 늦은 시기로 추정된다.

* 김례환, 〈평북지방에서 발견된 원시유적〉, 《문화유산》 4(과학원출판사), 1958.

7) 송화 안골유적

1959년 황해남도 송화군 덕안리 안골저수지 공사장에서 신석기시대의 유물이 출토되었다. 지표 아래 1.5m 깊이에서 나타난 단일문화층으로, 길이 2m・두께 약 20cm 정도 규모인 재층에서 갈돌 1점과 빗살무늬토기조각들이 나왔다.

이 토기들은 평행사선줄・이깔잎・삼각형무늬 등이 새겨진 것인데, 은천 학월리 조개더미유적의 것들과 비교된다(그림 3-15).

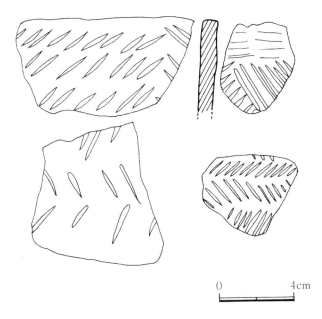

0   4cm

그림 3-15. 안골 출토 토기

＊ 리원조, 〈황해남도 북부지방 유적답사〉, 《문화유산》 6(과학원출판사), 1961.

8) 경성 원수대유적

함북 경성군 남대천 하구 해안 경사면에 위치한 유적으로 1964~1965년에 조사한 유적이다. 약 1000㎡ 이상의 면적에 유물이 분포하며 집터 흔적이 뚜렷하게 드러나 있다.

수습유물로는 흑요석 50여 점을 비롯하여 숫돌·빗살무늬토기 등이 있는데, 이 가운데 빗살무늬토기에는 전나무잎무늬·돈친무늬·번개무늬 등이 새겨져 있다.

아직 체계적으로 조사되지 않아서 자세히 알 수는 없으나, 번개무늬그릇을 특징으로 하는 문화유형을 해명하는 데 좋은 자료가 된다.

＊ 렴주태, 앞의 글, 1965.

이 밖에 신석기시대 유물이 출토된 지역은 다음 표와 같다(표 3-2).

일련 번호	유적의 이름	위　치	유적의 성격	조사자·기관	출토 유물	비고
1	경흥 호산동	함북 경흥 호산동		藤田亮策		
2	경흥 해산구미	함북 경흥 해산구미		八木奬三郎		
3	라진 라진동	함북 라진 라진동		藤田亮策		
4	웅기 룡수동	함북 웅기 룡수동	무덤(14기)	〃	각종토기,석기, 뼈연모 등	
5	웅기 송평동	함북 웅기 송평동		〃	토기, 집터	
6	부령 니진동	함북 부령 니진동		〃		
7	무산 성산	함북 무산군 무산읍		利田雄治		
8	경성 지경동	함북 경성군 지경동	무덤	榧本杜人	석기류	
9	회령 봉의리	함북 회령군 봉의리	무덤	〃		
10	회령 오동	함북 회령군 오동	유물포함층	고고학 및 민속학 연구소		
11	학성 쌍포동	함북 학성 쌍포동		藤田亮策		
12	성진 신정	함북 성진시		有光敎一		
13	룡강 룡반리	평남 룡강군 룡반리		鳥居龍藏		
14	온천 년도리	평남 토성면 연도리		有光敎一	빗살무늬토기	신석기전기 중엽
15	장연 몽금포리	황해 장연 몽금포리	산포지	조선총독부		
16	평남 미림리	평남	산포지	鳥居龍藏		
17	평남 고방산	평남	산포지	〃		
18	평양 사동	평양시 사동구역	산포지			
19	흑구봉		산포지			
20	평원 룡상리	평남 평원군 용상리			도끼, 토기류	기원전 3000 년기 후반

표 3-2. 신석기시대 유물 출토 지역

III. 연구의 과제와 전망

1. 신석기문화의 해석

북한에서의 신석기문화 연구는 광복 후 일제의 식민사관을 극복하려는 강력한
노력에서 출발되었다. 1950년대 후반부터 발간된《문화유산》과 그 뒤에 나온《고

고민속》 등의 머리말에서 고고학은 한국사의 타율성·정체성론을 '분쇄'하려는
노력에 힘을 기울여야 한다고 강조하고 있다. 이러한 노력은 많은 문화유적의
발굴을 통해 신석기와 청동기시대를 구분하고 확인하여 한국사의 발전과정이
세계사의 틀과 같음을 증명하려고 한 것이다.

이러한 연구는 식민사관을 극복하는 데 큰 역할을 하였으나, 1970년대초 주체
사상과 긴밀히 연결되면서부터 지나치게 민족주의적 경향과 대중을 계도하는
혁명의식을 강조하는 방향으로 흐르게 된다.[15] 이러한 흐름은 신석기시대 연구
에서도 예외는 아니다.

민족주의적 경향의 강조는 다시금 우리나라 중심주의로 흘러서 우리의 선사
문화 기원을 자생론으로만 해석하는 경향으로 나타난다. 즉 신석기문화인이 우
리나라를 중심으로 아시아 동쪽의 넓은 지역에 살아오면서 자연을 정복하기 위
한 슬기로운 '노동'을 통하여 자기의 고유한 문화를 창조하고 발전시킨 것으로
보고 있다.[16]

예를 들어, 후기 구석기사람들이 중석기시대를 거쳐 신석기시대의 조선옛유형
사람으로 발전하며 이들이 현대인의 직접 조상이 된다는 주장이 있는데, 이 문
제는 앞으로 연구가 더 진행되어야 할 과제이다.

또한 북한에서는 농경에서도 사람이 야생종의 식물을 자연히 재배할 줄 알게
되었을 것이고, 연모로 봐서 괭이농사에서 보습농사로 발전하였다고 설명하고
있다. 그렇지만 사람이 왜 사냥·채집 기술을 버리고 농경을 하였는지에 대한
구체적 설명이 없고, 벼를 비롯한 오곡이 우리나라에 자생하고 있었는지에 대한
논증이 없다.

이러한 자생론적 경향은 우리 선사문화의 합법칙적 발전을 증명하는 것으로
이해될 수 있으나, 논의의 다양성이 부족하여 연구에 한계를 갖는다. 무조건 외
부문화의 유입·전파로 보려는 견해도 문제가 있지만, 지나친 주체 또한 극복해
야 할 과제이다.

혁명의식 고취를 위한 대중 교양적 측면의 강조는 신석기문화를 개설적으로
서술한 다양한 교양 도서의 출간을 유도하였다. 《조선의 신석기시대》(1986), 《조
선고고학전서》(1990), 《조선전사》(1991) 등과 같은 개설서를 비롯하여 《우리나라
원시집자리에 관한 연구》(1975), 《조선 원시 및 고대사회의 기술발전》(1984) 등
연구서를 만들어 전공자가 아니더라도 쉽게 선사문화에 접근할 수 있는 토대를
마련하였다. 이는 매우 바람직한 일로 남한의 학계에서도 시급히 받아들여야 할

것이다.

그러나 다른 일면에서는 완성된 결론을 반복하고 증명하는 경향을 보이고 있어서 학문의 제반 정의에 대한 논의 및 새로운 방법론이 개발되지 못한 아쉬움이 있다.

따라서 북한에서의 신석기문화 연구가 다양하게 전개되어 왔음에도, 1980년대에 이르러 한계에 다다른 듯한 느낌을 갖게 하는 것은 이 때문으로 여겨진다.

2. 유적과 유물의 해석

이러한 민족주의적 경향과 대중 교양적 측면의 강조는 신석기시대의 유적과 유물의 해석에서도 직접적인 영향을 미치게 된다.

유물에 대한 연구는 형식분류나 개별적 설명에서 벗어나 유물 갖춤새를 강조하는 모습으로 나타난다.[17] 이것은 총체적으로 고고학적 해석의 접근에 과학적 근거를 제시한다는 점에서는 긍정적이나, 오히려 유물의 분류를 소홀히 다루게 되는 일면도 있다. 유물의 형식분류는 단계적 발전의 양상을 명확히 하는 일이기 때문에 가장 기본적인 것이다. 이 점을 소홀히 함은 결국 한 시대의 발전의 모습을 파악하기 어렵게 하고, 층위에 대한 해석의 혼란을 가져와 연구자들이 자료로서 인용할 수 없게 한다.

유적에 대한 해석은 신석기를 전·중·후기로 나누고 각 기별로 설정된 연대에 맞추는 경향을 보인다. 신석기시대는 기원전 5천년기에 시작하여 기원전 2천년기에 청동기시대로 넘어간다는 틀에 맞추고, 서포항에서 시작된 구분처럼 일률적으로 500년을 단위로 유적을 배치하고 있다. 이러한 것은 과학적 절대연대 측정치가 없는 상황에서 상대적 비교에 의한 것으로 많은 문제점을 안고 있다.

최근 후기로 분류하였던 의주 미송리유적에서 나온 '之'자 무늬토기조각이 1990년대에 들어서면서 절대연대가 측정된 주변 유적과의 비교를 통해 전기로 증명되자 다시 연대를 설정하는 등 큰 변화를 보이고 있다. 상대적으로 신석기시대의 시작연대가 기원전 6천년기로 올라가게 되었고, 이에 따라 단계적으로 재조정됨으로써 하한은 기원전 3천년기가 되었다. 청동기의 시작 연대가 아직 기원전 2천년기로 고정되어 있는 시점에서 1천년의 공백이 생겼고, 각 유적의 연대도 올려 잡게 되었다. 이는 선사문화의 발전을 단계적인 것으로 파악하여 도식화시킨 결과이며, 절대연대 값의 부족에 기인한 것이다.

또 북한에서는 사회구성체론을 시기구분의 지표로 삼아《조선전사》(1991)에서처럼 구석기를 원시무리시기, 중석기를 초기 모계씨족사회, 신석기를 모계씨족사회, 청동기를 부계씨족사회로 각각 분류하고 있다. 이러한 견해는 연모에 의한 시기구분이 당시의 사회나 문화를 서술하는 데 자칫 소홀해지기 쉽기에 상당한 장점을 갖는다. 그렇지만 이는 민속학적인 유추에서부터 시작된 것이고, 구체적 증거가 약하며, 더 이상의 연구나 해명 없이 1960년대의 주장이 되풀이된 것이기 때문에 극복되어야 할 과제이다.

특히 이 가운데 모계사회론은 흙이나 뼈로 만든 여성상이 농포·서포항유적 등에서 출토됨에 따라 더욱 강조된다. 여성의 힘이 요구되는 사회는 여성의 지위가 우월하므로 모계사회로 규정할 수 있다고 하겠으나, 여성이 주도하는 사회가 아니라고 보는 반론에 대해서는 어려운 상황에 처하게 된다.

급격한 사회변화에 따른 개방화의 여파인지는 모르겠지만, 북한의 신석기문화 해석은 1990년대에 들어서며 큰 변화를 보이고 있다. 문화 해석의 범위를 넓혀 남한 및 주변국가의 자료를 인용하고, 연대 설정에 대한 재해석을 시도하는 등 다양한 변화를 꾀하고 있다. 이러한 작업들은 현재 진행중인 것으로서 좀더 시간을 가지고 지켜보아야 할 것이다.

보다 다양한 해석방법을 적용하여 고정된 틀에서 벗어난 새로운 해석이 필요할 것으로 생각되며, 좋은 연구의 결과를 기대한다.

주

1) 전주농, 〈조선고고학의 창시자 추사 김정희〉, 《문화유산》 61-4, 1961.
2) 신숙정, 《우리나라 남해안지방의 신석기문화연구》, 학연문화사, 1994.
3) 고고학 및 민속학 연구소, 《궁산원시유적 발굴보고》(유적발굴보고 2, 과학원출판사), 1957.
4) 김용기·정징원, 《농소리패총 발굴조사보고》(부산대 박물관), 1965.
5) 사회과학원 력사연구소, 《조선전사 1(원시편)》(과학백과사전 종합출판사), 1991.
6) 서국태, 《조선의 신석기시대》(사회과학출판사), 1986.
7) 황기덕, 《조선원시 및 고대사회의 기술발전》(과학백과사전출판사), 1984.
8) 김용간, 《조선고고학전서 – 원시편(석기시대)》(과학백과사전 종합출판사), 1990.

9) 김용남·김용간·황기덕, 《우리나라 원시집자리에 관한 연구》(사회과학출판사), 1975.

10) 변사성, 〈우리나라 석기시대 질그릇에 관한 연구〉, 《조선고고연구》 88-3, 1988.

11) 신숙정, 〈북한의 신석기문화 연구 40년〉, 《북한의 고대사 연구와 성과》(대륙총서 10), 1994.

12) 김용간, 앞의 책.

13) 사회과학원 력사연구소, 앞의 책.

14) 같은 책.

15) 이선복, 〈북한고고학사시론〉, 《동방학지》 75, 1992.

16) 한영희, 〈신석기시대유적〉, 《북한의 문화유산 I》, 고려원, 1990.

17) 이성주, 〈신석기시대〉, 《한국선사고고학사 - 연구현황과 전망》(까치), 1992.

제 4 장 청동기문화

I. 연구경향과 성과

1. 연구경향

　분단 이후 남북한은 서로 독자적인 연구 분위기에서 우리의 선사문화를 연구
하여 왔다. 그 과정에서 북한 고고학계가 큰 노력을 기울인 것은 일본 침략 기
간 동안에 이룩된 제국주의 고고학의 연구 성과를 부정하고, 고조선의 성격 규
명을 위한 연구의 일환으로 청동기문화(시대)의 존재를 확인하는 것이었다. 이
러한 노력은 일본 고고학자들이 설정한 금석병용기시대(金石倂用期時代)를 비판
하면서 청동기시대를 주장한 점이나, 원시공동체사회와 씨족공동체사회 등 사회
구성체의 발전 관점을 고고학적으로 밝히려는 것에서 그 구체적인 모습을 찾아
볼 수 있다.[1]

　북한에서의 청동기문화에 대한 개념 설정과 그 기본적인 배경을 살펴 보면
다음과 같다.

　현재까지 밝혀진 것으로 볼 때, 1955년 처음으로 문화발달사의 입장에서 기원
전 5세기부터 독자적인 청동기문화가 존재하였다는 주장이 제기되었지만,[2] 이
시기에 형성된 문화에 대한 구체적인 자료는 제시하지 못한 실정이었다. 그러다
가 독로강 옆에 있는 강계 공귀리유적이 발굴조사되면서 중국·러시아 연해주
등 주변 국가의 여러 유적과 비교한 상대연대가 추정됨으로써 금석병용기의 시
대 설정에 대한 잘못을 지적하게 되었다.[3]

그 후 1956년 12월 과학원 고고학 및 민속학연구소에서 주관한 청동기시대·철기시대의 설정을 위한 〈조선 금속문화 기원에 관한 토론회〉에서 쌍뉴세문경(꼭지 달린 잔무늬 거울)·세형동검(한국식동검)과 도끼거푸집의 출토로 보아 독자적인 금속문화의 존재 가능성이 있으며, 우리나라 서북지방에 청동기문화가 있다는 사실이 주장되었다.[4] 이어서 발표된 봉산 지탑리유적의 중간보고와 공귀리유적의 조사보고서에서 팽이토기는 큰돌문화[巨石文化]와 깊은 관련이 있으며,[5] 이 문화는 청동기문화라는 주장이 강력하게 제기되어 청동기문화(시대)의 존재가 보다 구체화되는 계기가 되었다.

이와 같이 북한의 연구자들은 청동기문화의 존재 가능성을 시사하면서 지역 범위에 관해서는 중국 동북지역과 우리나라의 서북지역을 중심권역으로 잡고 요하(遼河)와 송화강(松花江) 유역의 문화에 대해서도 적극적인 관심을 가지고 있는데, 이것은 고조선의 강역문제와 밀접한 관계가 있다.

청동기문화에 대한 이런 적극적인 이해의 분위기 속에서 북한은 중국 동북지방의 청동기 문화상이 우리와 비슷한 양상을 띠게 되자 조·중(朝·中) 공동 고고학 발굴대를 만들어 1963~1964년 3차에 걸쳐 발해만 중심의 여러 곳에서 발굴조사를 하였다.[6]

조사된 유적은 대부분 비파형동검이 나오거나 이와 관계 있는 곳으로서, 강상(崗上)과 누상(樓上) 유적 등 10곳 이었다. 중국 동북지역에서의 이러한 발굴조사는 북한의 청동기문화 해석에서 시간적으로 기원전 2천년기 전반부터 기원전 1천년기 전반까지의 범위를 설정하고 공간적으로도 우리나라는 물론 요하 동쪽까지 폭을 넓히는 결정적인 계기가 되었다.

북한의 고고학 연구에서 청동기문화의 연구 경향을 가장 잘 보여주는 것은 시기 구분에 관한 것으로 여겨진다.

북한에서의 시기 구분 문제는 역사 발전의 합법성을 밝히려는 노력으로 초기부터 깊은 관심을 가지고 이루어져서, 물질 문화 중심의 고고학적 관점과 사회구성체 중심의 역사학적 입장에서 서로 연관지어 시기 구분을 시도하고 있다. 또한 선사시대에 속하는 청동기시대를 역사학에서는 부계씨족사회나 부계씨족공동체(age of patriarchal clan community)로 해석하고 있다.

그리고 북한의 고고학 연구는 문화의 계승 문제와 역사의 전체적인 발전에 기본적인 틀이 맞추어져 있기 때문에 청동기문화의 시기 구분 문제는 신석기시대의 하한 및 철기시대의 상한과 밀접한 관계가 있으며, 오늘날과 같은 기준을 마련하기까지 여러 차례의 변화가 있어왔다.

북한에서는 1950년대 후반에 고고학적인 조사와 연구 결과를 근거로 청동기문화의 연대를 기원전 7세기로 설정하였다.[7] 이러한 연대 설정이 이루어지고 난 다음 여러 유적의 발굴조사가 이루어지자, 청동기가 나오지 않아도 청동기나 그 거푸집이 나오는 유적과 문화 발전 과정으로 봐서 비슷한 점이 있으면 청동기문화로 해석하여야 된다는 의견이 제시되어 청동기문화의 시작 연대는 조금씩 올라가기 시작하였다.

웅기 서포항유적의 발굴 결과 신석기문화의 연대가 기원전 5천년기로 올라가고, 비파형동검이 한국식동검보다 앞서는 것으로 밝혀짐에 따라 청동기문화는 기원전 2천년기부터 기원전 1천년기에 속하는 것으로 연대가 정하여졌다. 이어서 60년대 중반에 이르러 평양 금탄리유적의 발굴조사 결과 청동기문화의 시작 연대를 기원전 2천년기 전반으로 보다 구체화시키게 되었으며, 이 연대 설정의 기준이 오늘날까지 이용되고 있다.[8]

한편 청동기문화를 문화의 지역성과 발전 단계에 따라 전기(기원전 2천년기 전반)와 후기(기원전 2천년기 후반~기원전 1천년기 전반)로 나누고 있다.

전기 청동기문화는 청동단추를 비롯한 청동기를 조금씩 만들어 쓰기 시작한 초보적인 수준으로 아직도 신석기문화의 여러 요소가 많이 남아 있으며, 간석기의 제작 기술에 큰 발전이 이루어지는 한편 석기가 쓰임새에 따라 여러 가지로 나누어져 종류가 다양한 것이 특징이다.

후기 청동기문화는 앞 시기에 비하여 신석기문화의 흔적이 거의 남아 있지 않으며, 청동기의 제작과 쓰임이 보다 보편화된다. 또한 전기보다 토기의 제작에서 많은 변화가 일어나고, 문화의 특성이 지역을 중심으로 뚜렷하게 나타난다.

북한 고고학계에서는 청동기문화 후기인 기원전 1천년기 전반에 청동기가 널리 쓰여진 것으로 해석하고 있으며, 이때 비파형동검 등이 나타나고 원시공동체 사회가 무너져서 첫 노예 소유자 국가인 고조선이 발전한 것으로 이해하고 있다.

북한의 청동기문화는 기원전 2천년기부터 일정한 지역에 독특한 성격을 지닌 문화가 집중되어 나타나는 문화지역성이 이루어진다. 이러한 문화지역성의 특징에서 기준이 되는 것은 토기와 석기 같은 유물과 무덤, 집터 등이 있다.

북한지역의 청동기문화 유형에 대한 문화 지역성은 서북지역과 요동지역, 압록강 중·상류와 송화강 유역, 두만강 유역과 동해안 등 크게 3곳으로 나누어진다. 이렇게 분류된 것은 문화의 지역별 특징에 따라 다시 더 작게 나누어져 하나의 문화 유형을 이루게 된다.

서북지역과 요동지역은 전형적인 팽이토기문화가 발달한 대동강 유역의 신흥동 유형, 팽이토기의 특징인 겹입술 밑에 신석기 후기의 토기에 나타나는 새김무늬와 덧무늬가 있는 토기문화의 특징을 지닌 요하 유역의 당산·조공가(堂山·肇工街) 유형, 청천강 이북의 서북조선유형 등으로 구분된다.

압록강 중상류와 송화강 유역은 압록강 유역의 공귀리 유형과 송화강 유역의 길림·장춘 지역을 경계한 망해둔(望海屯) 유형, 서단산자(西團山子) 유형으로 구분하고 있다. 공귀리 유형은 농업 경제를 기반으로 발달한 문화이며, 길림 서북쪽의 평원지대에 발달한 망해둔 유형은 반농반목의 문화이고, 미송리형 토기의 변형으로 보이는 조롱박 모양의 단지가 특징인 서단산자 유형은 농업 경제를 바탕으로 발전하였다.

두만강 유역과 동해안은 오동 유형, 초도 유형, 금야 유형으로 나뉜다. 오동 유형은 공귀리·서단산자 유형과 밀접하며, 초도 유형(강상-호만포 유형)은 붉은 간토기·흑요석으로 만든 화살촉이 발달된 문화이다. 그리고 금야 유형(금야-토성리 유형)은 검은 간토기·비파형 창끝·청동 도끼가 문화의 특징이며, 중부지역과 깊은 관련이 있는 것으로 해석된다.

2. 연구성과

북한에서 청동기문화의 특징을 규정할 때 1차적으로 물질 문화의 발전 정도에 따른 청동기의 생산을 들고 있다. 청동기를 만들려면 광석의 채취·주조 등 많은 기술 변화가 일어나게 되는데, 이를 바탕으로 청동기문화는 앞 시기와 비교할 수 없을 정도로 다양해진다.

청동기시대의 초기에는 신석기문화의 요소가 곳곳에 남아 있지만 점차 청동기가 만들어짐에 따라 토기와 석기에서 큰 변화가 나타난다.

토기는 청동기문화의 다른 어떤 문화 요소보다도 큰 변화를 일으키는데, 앞 시기의 빗살무늬토기가 민무늬토기로 교체되어 가면서 붉은 간토기·검은 간토기도 함께 나타난다. 또한 일정한 지역을 중심으로 팽이토기·겹아가리 토기·미송리식 토기·공귀리식 토기·오동식 토기 등의 특징적인 토기가 나타나서,

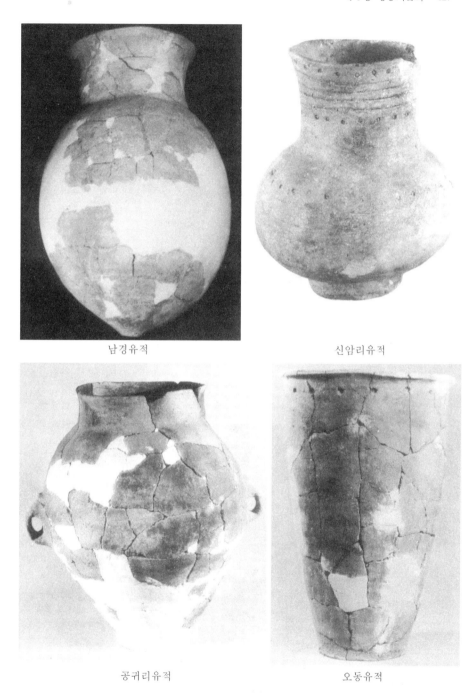

남경유적   신암리유적

공귀리유적   오동유적

사진 4-1. 청동기시대의 각종토기(남경유적·신암리유적·공귀리유적·오동유적)

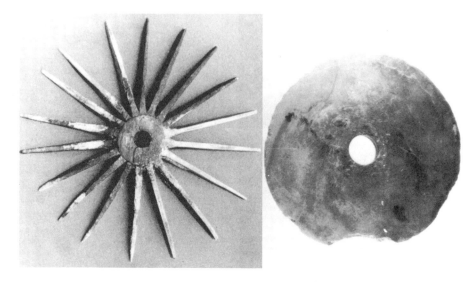

사진 4-2. 별도끼(석탄리)와 달도끼(신흥동)

사진 4-3. 토성리 출토 청동토시와 청동도끼

토기문화의 지역성이 뚜렷하게 구분되는 점을 하나의 특징으로 볼 수 있다(사진 4-1).

석기는 목재 가공 등에 날카로운 날을 가진 연모가 필요하게 됨에 따라서 간석기의 제작 기술이 발달하여 새로운 기술적인 진보가 이룩되었고, 기능이 세분되어 쓰임새에 맞도록 종류와 생김새가 보다 다양해졌다. 여기에는 크고 작은 여러 가지의 도끼와 간돌검·끌·대패·간돌화살촉 등이 있다(사진 4-2).

청동기에는 비파형동검을 비롯한 도끼·거울이 있다(사진 4-3).

무덤은 가장 널리 나타나는 고인돌을 비롯하여 돌널무덤·돌무지무덤·움무덤 등이 발견된다.

북한 고고학계에서는 문화의 발전 정도에 따라 청동기문화를 시기와 지역으로 구분하고 있는데, 그에 따른 문화의 특징적인 모습은 다음과 같다.

1) 전기 청동기문화(기원전 2천년기 전반)

이 시기는 신석기문화의 요소가 점차 없어지면서 청동기문화의 새로운 요소가 조금씩 나타나는 때로, 요동반도를 비롯한 우리나라의 서북·동북지역에서 뚜렷한 문화의 특징이 발견되고 있다.

여기에 해당하는 유적은 당산·조공가 유형의 문화 특징을 지닌 요녕 조공가, 여대 쌍타자 유적을 비롯하여 정주 당산, 용천 쌍학리, 장군산 유적과 서포항 아래층, 회령 오동 1기층, 연길 소영자 유적이 있다.

석기와 토기에서는 비록 신석기문화의 흔적이 남아 있지만, 새로운 변화를 볼 수 있다. 석기는 함북지역에서 많이 나타나던 흑요석으로 만들던 뗀석기가 줄고 간석기가 늘어난다(사진 4-4). 토기는 새김무늬가 간혹 찾아지지만 겹입술을 지닌 새로운 요소의 토기문화가 나타나 이 시기의 특징으로 자리잡는다. 이러한 특징은 민무늬토기가 나타나기 이전의 토기 양식이며, 당산·조공가 유형의 문화에서 두드러진다. 한편 두만강 유역에서는 입술이 밖으로 벌어지고 그 바로 밑에 새김무늬가 있는 갈색 민무늬토기와 신석기 후기부터 나타나기 시작하던 붉은 간토기가 널리 쓰였던 것 같다.

또 뼈로 만든 연모도 앞 시기 보다 증가하는데, 특히 서포항 아래층에서 나온 뼈피리·뼈숟가락·흙을 빚어 만든 인형 등은 특이한 유물이다.

사진 4-4. 오동 출토 흑요석제 화살촉

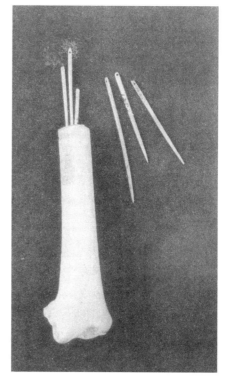

사진 4-5. 서포항 움무덤의 사람뼈와 뼈바늘통

이 시기의 무덤으로 발견된 것은 서포항 아래층과 요령 보란점 벽류하 부근의 단타자 움무덤, 소영자의 돌널무덤, 장군산의 돌무지무덤 등을 들 수 있다.

서포항 움무덤은 조가비층을 파고 주검을 바로펴묻기하였으며, 뼈바늘과 바늘통, 조가비로 만든 목걸이 등이 껴묻기되어 있다. 특히 2호에 묻힌 사람은 다리를 'X'자 모양으로 엇갈린 모습을 하고 있어서 주목된다(사진 4-5).

소영자 돌널무덤은 석회암층을 편평하게 파서 납작한 석회암을 네 벽에 세우고 여러 장의 판돌로 무덤방을 만들었다. 돌널들은 일정한 방향으로 질서 있게 줄을 지어 있었고 묻힌 사람의 머리는 동쪽으로 놓어 있었다. 묻기는 거의가 바로펴묻기를 하였으며, 부부어울무덤으로 여겨지는 것도 있고, 불에 태운 뼈가 많이 나와 화장(火葬)의 습속이 있었던 것 같다. 껴묻거리로는 여러 가지 석기와 뼈연모를 비롯하여 조가비로 만든 팔찌, 숟가락 모양의 뼈연모에 사람의 얼굴을 새긴 것 등이 나와 주목된다.

장군산의 돌무지무덤은 막돌을 길쭉하게 쌓아서 여러 기의 무덤방을 만든 다음 그 위에 막돌을 덮어 만든 형식이다. 한 봉토 밑에서 모두 9기의 무덤방이 찾아져서 가족무덤으로 해석되며, 길이의 방향은 남북과 동서 방향 2가지이고, 부부를 합장한 무덤방도 있다. 껴묻거리 가운데 토기의 색깔·모양·만든 방법으로 봐서 쌍타자 제2문화층 유형과 비슷한 점도 많다.

이처럼 여러 가지의 무덤 양식들이 새롭게 만들어지면서 앞 시기와는 문화의 양상이 다르게 나타나는데, 북한에서는 이를 사회 구성체의 변화 과정으로 해석하여 돌무지무덤 같은 것을 부계적인 사회 요소로 이해하고 있다.

한편 이 시기의 집터로는 긴 네모꼴의 움집이 많이 발견되고 있다. 바닥은 흙을 두껍게 깔아 다졌으며, 화덕은 한쪽으로 치우쳐 있다.

2) 후기 청동기문화(기원전 2천년기 후반과 기원전 1천년기 전반)

이 시기는 앞 시기보다 발전과 변화의 속도가 훨씬 빨라서 문화 전반에 걸쳐 새로운 모습을 보여주는데, 그 특징으로는 민무늬토기가 널리 퍼져 보편화됨에 따라 지역적인 특색을 보여주고 있는 점, 청동기가 발견되는 유적의 수가 많다는 점, 간석기의 제작 수법이 발달하여 실용화 단계에 접어들었다는 점 등이 있다.

특히 중국 동북지방에서는 청동기문화의 기준이 되는 비파형동검과 청동거울 등 특징 있는 청동기유물이 출토되고 있어 주목된다.

북한에서는 이 시기의 청동기문화를 유물의 특성에 따라 지역적으로 구분하

사진 4-6. 남경 출토 팽이형 토기

여 몇 곳으로 나누고 있다.

(1) 대동강 유역

이 곳의 중요 유적으로는 집터 유적인 평양 금탄리·남경·신홍동·송림 석탄리, 고인돌 유적인 용강 석천산·연탄 오덕리, 그리고 돌널유적인 북창 대평리·사리원 상매리 등이 있다.

대동강 유역에서 발견된 이 시기의 문화의 특징적인 요소 가운데 하나는 팽이토기이다(사진 4-6).

이 토기는 전체적인 생김새에 비하여 밑바닥이 좁고 납작하며, 몸통은 팽이처럼 불룩하다. 입술은 겹입술이고 빗금무늬가 있는 것도 있다. 그리고 이러한 팽이토기의 밑바닥에 구멍을 낸 시루가 가끔 찾아지며, 몸통의 윗부분에 긴 목이 달린 변형 팽이토기도 있다.

집터의 생김새는 앞 시기처럼 긴 네모꼴이며, 깊이 50cm 안팎의 움집이다. 바닥은 찰흙을 깐 다음 단단하게 하기 위하여 불을 놓았고, 화덕은 구석으로 치우쳐 있다. 기둥은 바닥자리 위에 그대로 세워놓은 것 같으며 지붕은 맞배지붕이

사진 4-7. 침촌리 고인돌 무덤방 모습

었던 것으로 여겨진다. 집터에서는 금탄리와 신흥동처럼 드물게 청동기가 나오는 경우도 있지만, 대부분은 돌도끼·돌끌·돌대패날의 공구류와 반달돌칼·화살촉 등이 출토되고 있다.

고인돌은 황해·평안도지역에 집중적인 분포를 보이고 있는데, 특히 석천산·황주천·정방산 일대에는 수 백 기가 떼를 이루고 있어서 주목된다. 고인돌의 형식은 밖으로 드러난 짜임새에 따라서 2가지로 나뉜다. '침촌형' 고인돌('변형'·개석식)은 무덤방이 땅 속에 있고 덮개돌만 밖으로 드러난 것이며, 황주 침촌리 긴동 고인돌처럼 가끔 무덤 구역 시설이 있는 것도 있는데, 이러한 경우에는 여러 기의 무덤방이 연결되고 있어서 묻힌 사람의 친연성을 짐작하게 한다(사진 4-7). '오덕형' 고인돌('전형'·탁자식)은 무덤방과 덮개돌이 모두 밖으로 드러난 것으로서 탁자 모습을 하고 있다.

북한에서는 고인돌의 축조 과정과 기술 발전적인 측면에서 침촌형에서 오덕형 고인돌로 변화·발전하였다는 주장을 하고 있지만, 껴묻거리나 늦은 시기의 고인돌 형식으로 봐서 반드시 이러한 발전 과정이 적용된다고는 할 수 없으므로 앞으로의 연구를 지켜보아야 할 것이다.

돌널무덤은 얇은 판돌을 가지고 상자처럼 무덤방을 만든 것으로 보통 떼를 지어 발견되지만, 지금까지 찾아진 예는 많지 않다. 껴묻거리는 간돌검·돌화살촉 등의 무기류와 대롱구슬·굽은구슬 등 장식품이 있으며, 상매리에서는 드물게 청동화살촉이 나왔다.

대동강 유역의 청동기 집터에서 발견된 독특한 석기로는 돌돈이 있다. 점판암을 원반형으로 잘 다듬어놓은 지름 50~60cm 되는 것으로 석기를 만들기 위한 감(재료)이었으며, 생김새와 크기가 비교적 비슷하고 일정한 정형을 이루고 있어서 교환 수단의 일종이었을 것으로 여기고 있다. 하지만 일부에서는 크기가 너무 커서 돈으로 사용하기에 불편한 점이 있기 때문에 토기를 만들 때 바닥의 회전판으로 이용되었던 것으로 해석하기도 한다.[9]

(2) 서북조선과 요하 유역

이곳의 청동기문화는 앞 시기의 문화를 계승 발전시킨 것으로 보다 발전한 모습을 보여주고 있으며, 특히 청동기의 생산이 점차 보편화되어 널리 이루어졌다는 점이 특징이다. 기원전 2천년기 후반으로 해석되는 이 지역의 유적에서 청동기유물이 발견된 예로는 용천 신암리유적 제3지점 2문화층의 청동칼과 청동단추(사진 4-8), 요동반도 남쪽의 양두와(羊頭窪) 유적에서 출토된 청동기 조각,

사진 4-8. 신암리 출토 청동칼

대대산 조개무지의 청동기 조각, 그리고 상마석(上馬石) 유적의 낚시 거푸집이 있다.

이 시기의 유적으로는 집터와 고인돌·돌무지무덤이 있다. 대표적인 집터유적으로 영변 세죽리유적 제2문화층과 쌍타자유적 제3문화층, 그리고 신암리유적을 들 수 있다.

집터는 크기가 20㎡ 안팎으로 비교적 작은 편에 속하며, 쌍타자유적의 경우 움집과 지상가옥에 가깝게 막돌로 쌓은 반움집 등 2가지가 있다. 바닥은 모래바닥을 편평하게 다진 것이고, 화덕 자리는 없는 것이 많다.

세죽리의 집터는 움집이었고 기둥 구멍은 거의 눈에 띄지 않았으며, 출토된 토기에 따라 공귀리 유형과 미송리 유형 등 2개로 나누어진다.

고인돌은 요동반도의 요남지역에서 주로 발견되고 있는데, 대부분은 오덕형 고인돌[石棚]이지만, 개석식 고인돌인 대석개묘(大石蓋墓)가 최근에 많이 발견되고 있어서 주목된다(사진 4-9).[10] 이곳의 고인돌은 대동강 유역과는 다르게 대부분 1~2기 또는 3~4기가 떼를 이루어 분포하고 있다.

돌무지무덤으로는 강상과 누상 무덤이 대표적이다.

사진 4-9. 요동반도 석붕산 고인돌

이들 돌무지무덤은 넓은 묘역 안에 중심적인 무덤방을 기준으로 여러 기의 무덤방이 함께 자리하고 있으며, 한 무덤방 안에서 여러 명의 주검이 발견되어 주목된다. 껴묻거리는 비파형동검을 비롯한 여러 가지의 청동기가 있는데, 이것은 당시 수공업의 발전 수준을 가늠해볼 수 있는 하나의 자료가 된다. 또한 남해안에서 자라는 조개의 조가비가 발견되어 당시 사회의 교역에 관한 면을 시사해준다. 묻기를 보면 화장한 흔적이 곳곳에서 보이고 순장을 했던 것으로 여겨지기 때문에 북한 고고학계에서는 당시의 사회 발전과 연관시켜 노예적인 계급사회로 해석하고 있다.

석기는 쌍타자유적의 경우 돌도끼와 반달돌칼이 수적으로 증가하고 생김새도 다양한데, 이것은 쓰임새에 따른 석기 제작 수법의 한 발전 과정으로 이해된다.

토기의 특징은 쌍타자유적에서 잘 나타나고 있는데, 좁고 긴 목이 달린 항아리나 작은 굽이 달려 있는 사발류는 이 지역의 독특한 면을 보여준다.

한편 중국 동북지역과 서북지역에서 발견되는 이 시기의 대표적인 청동유물 가운데 비파형동검이 있다. 비파형동검은 우리 청동기문화가 꽃을 피운 시기에 만들어진 특징적인 청동유물 가운데 하나이며, 고조선 문화와 깊은 관련이 있다. 청동기문화에 대한 이해의 폭이 넓지 못할 때 북한에서는 고조선의 사람들이 한국식동검을 사용한 것으로 해석을 하였으나, 우리의 청동기문화에 대한 심화된 연구가 이루어지면서 비파형동검을 사용하였던 것으로 이해하고 있다.

비파형동검은 돌기의 위치와 비파형을 이룬 확장부의 모습에 따라서 크게 3가지로 나누어진다.[11]

이른 시기의 것은 동검의 길이가 비교적 짧고 양쪽에는 돌기가 튀어나왔으며, 아래쪽의 비파 모습 확장부가 풍만하여 뚜렷한 점이 돋보인다. 손잡이는 보이지 않으며, 미송리형 토기와 같이 나오는 경우가 많다. 또한 기하학적 무늬가 있는 청동도끼와 청동유물이 이런 모습의 비파형동검과 함께 발견되고 있다.

중기의 비파형동검은 돌기와 동검의 아래쪽 확장부가 좁아지고 검끝의 길이가 조금 길다. 검자루는 청동기가 아닌 다른 것을 가지고 장식을 하였던 것 같으며, 미송리형 토기가 아닌 목단지의 토기와 같이 발견되는 경우가 많다.

늦은 시기의 것은 검날의 돌기가 무디어지고 비파형 모양이 거의 사라져서 검의 아래쪽이 밋밋하다. 아울러 검의 끝과 길이가 길어졌으며, 청동으로 만든 검자루 장식도 나온다.

(3) 압록강 중·상류와 송화강 유역

이 지역에서 나타나는 문화의 유형으로는 압록강 유역의 공귀리 유형, 송화강 유역의 서단산자 유형과 망해둔 유형 등이 있다.

공귀리 유형의 유적은 공귀리를 비롯하여 중강 토성리, 시중 심귀리, 중국 동북지방 혼강 유역에서 발견된다.

공귀리유적에서 발견된 집터의 평면은 긴 네모꼴이 많았으며, 50cm 안팎의 움을 가진 움집이었다. 이곳에서는 집터와 집터 사이를 연결시켜주는 통로가 나와서 주목된다. 아래 문화층의 집터에서는 대동강 유역의 집터처럼 움의 바닥에 기둥을 그냥 세웠으므로 기둥구멍이 찾아지지 않았고, 화덕 자리에는 찰흙을 깔거나 모래를 깔고 다진 흔적이 보인다. 특히 움 밖으로 튀어나온 자그마한 벽장움이 찾아져, 이 지역 집터 구조의 한 특징으로 해석된다(사진 4-10).

공귀리형 토기로는 단지·항아리·보시기·대접 등 여러 종류가 있는데, 장식이나 제작 수법에서 독특한 면을 보이고 있다. 겹입술과 그 바로 밑에 줄구멍을 뚫거나 빗금을 새긴 점, 단지의 밑바닥이 돼지 입처럼 좁은 모양을 한 점, 몸통에 손잡이를 2개 또는 4개를 대칭으로 붙인 점 등이 두드러진다.

그런데 겹입술과 좁은 밑바닥은 대동강 유역의 팽이토기를 연상시키며, 입술 바로 밑의 줄구멍과 꼭지 손잡이는 두만강 유역의 토기와 비슷하다. 이런 점에서 공귀리형 토기는 서북지역과 동북지역 토기문화의 특색이 섞인 중간적인 성격을 지니고 있다고 할 수 있다.

압록강 중·상류에서 발견된 이 시기의 무덤으로는 공귀리와 시중 풍룡리에서 조사된 돌널무덤이 있다.

공귀리 돌널무덤 가운데에서는 대롱구슬이 나오고 껴묻거리 칸으로 해석된 딸린 널도 있어서 짜임새가 독특하며, 풍룡리 것에서는 청동단추와 목이 긴 항아리가 껴묻기되어 있다.

50년대 중반에 발굴조사된 공귀리유적은, 우리의 청동기문화를 자리매김할 때 주변 유적과의 비교를 통한 상대연대 추정으로, 금석병용기의 시대구분에 대한 잘못을 드러낸 유적으로 평가받고 있다.

송화강 유역에 발달한 서단산자 유형의 유적에는 길림 서단산자를 비롯하여 소달구·토성자 등이 있다.

서단산자 돌널무덤에서는 단지·보시기·접시·세발토기 등 여러 가지의 토기가 나왔으며, 특히 미송리형 토기와 비슷하게 조롱박의 양쪽을 잘라버린 모습

사진 4-10. 공귀리 출토 발화석과 별도끼

을 한 긴 목의 단지가 발견되어 주목된다. 한편 토기에는 공귀리 유형과 비슷한 점이 많지만, 겹입술이나 줄구멍 등은 나타나지 않고 그대신 서단산자 세발토기가 나타나서 서로 약간씩의 차이가 있다. 이 밖에 대롱구슬·돼지 이빨 조각품·낟알(기장) 등이 출토되었다.

길림 서북쪽의 평원지대에 널리 분포하고 있는 망해둔 유형의 유적은 망해둔, 조원 등이 있다.

망해둔 유형의 문화가 공귀리 유형이나 서단산자 유형과 다른 특징은 토기나 석기에서 신석기문화의 전통을 지닌 요소가 두드러진다는 점이다. 특히 석기는 긁개·화살촉 등 격지석기가 주류를 이루고 있으며, 이곳에서 나온 말·소·양 등의 여러 짐승뼈로 미루어 볼 때 목축업이 상당히 발달하였던 것 같다. 그리고 돌호미와 돌보습 등 밭갈이 농기구도 발견되어 일부에서는 정착 생활을 하면서 농사도 지었던 것 같기 때문에 망해둔 유형의 생업경제는 반농반목으로 해석하고 있다.

토기는 갈색 민무늬토기를 비롯하여 붉은간토기·회색토기 그리고 노끈무늬와 여러가지의 새김무늬가 있는 토기가 있다.

망해둔유적에서 찾아진 움무덤에서는 사람뼈·붉은간토기·뼈비늘 갑옷 등이 나왔다.

이처럼 무덤이나 석기·토기 등 망해둔 유형의 문화에서 발견되는 특징이 비교적 가까이 있는 서단산자 유형과 차이를 보이는 것은 지세적인 조건과 관련이 있는 것 같다.

(4) 동해안과 두만강 유역

이곳에서 발견된 유적은 집터와 무덤인 돌널·움무덤이 있다. 두만강 유역에서 발견된 중요 집터 유적으로는 무산 범의구석 제2기층~제4기층, 오동 제2기층과 제3기층, 나진 초도 등이 있다. 이러한 유적의 집터는 상당히 발전된 것이며, 튼튼하고 편리한 가옥시설을 갖추었던 것 같다.

범의구석의 집터를 보면 생김새는 긴 네모꼴이고 움은 1m 안팎으로 비교적 깊은 편이며, 바닥에는 찰흙을 깔아 놓았다. 그리고 제3기층의 집터에서는 오동유적과 온성 강안리 수남유적처럼 방바닥에 4줄로 주춧돌을 깔아 놓은 것이 있었는데, 이것은 구조물을 보다 견고하게 하기 위한 것으로서 우리나라 선사시대의 건축 발달사에 커다란 의미를 지닌다. 특히 오동유적과 같이 움 바닥에 판자

사진 4-11. 오동 5호 집터 복원도

를 깔아 놓았던 집터도 발견되어 당시 사람들의 뛰어난 지혜를 알 수 있다.

이 집터의 청동기유물은 작은 청동 덩어리로 범의구석 제4기층에서 조사되었다.

오동유적은 한국전쟁 후 과학원의 물질문화사연구소(뒤에 고고학 및 민속학연구소)가 처음 발굴한 유적으로, 발굴보고서를 보면 출토 유물과 살림에 대한 연구가 깊게 이루어져 있기 때문에 당시 북한의 고고학 연구 수준을 이해하는 데 도움이 된다(사진 4-11).

석기는 감(재료)과 제작기술에 따라 분석을 하고 있는데, 암질에 따른 제작 방법과 유형, 종류, 차이점, 제작 과정의 설명이 구체적이다. 더구나 쓰임새에 따라 석기를 무기와 사냥하는 연장, 농사하는 연장, 물고기 잡는 연장, 연장을 만드는 연장, 기타 등으로 분류하였는데, 이것은 살림살이에 따른 연모의 분류 방법에 하나의 기준이 되었다.[12]

토기는 굳기와 겉면의 무늬, 빛깔을 바탕으로 분류하면서 바탕흙과 구운 온도 등을 설명하고 있다. 한편 돼지뼈·소뼈를 근거로 집짐승 기르기를 설명하고 있으며, 콩·팥·기장 등의 탄화된 낟알이 나온 점을 중시하여 밭농사가 이루어졌음을 설명하고 있다.

두만강 유역의 무덤은 대부분 움무덤이고 가끔 돌널무덤이 찾아지기도 한다. 움무덤이 조사된 유적은 회령 창효리, 영수리 검은개봉, 서포항, 초도 등이다.

초도에서 조사된 것을 보면 묻기는 바로펴묻기와 굽혀묻기가 섞여 있고, 주검 옆에 토기를 비롯한 석기·청동유물·대롱구슬 등의 장식품이 놓여 있는 모습

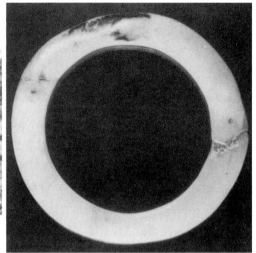

사진 4-12. 범의구석 출토 삼끈과 옥고리(팔찌)

이다. 한편 초도와 창효리의 움무덤에서는 청동기가 여러 점 출토되어서 기원전 2천년기 후반에 청동기의 보급과 사용이 점차 보편화되었던 것으로 해석된다.

석기는 신석기의 전통을 지닌 흑요석제의 석기가 눈에 띄게 줄어들고 단단한 섬록암으로 만든 도끼류, 편암으로 만든 나무가공용 석기류 등, 간석기가 널리 쓰이면서 생김새와 만든 방법이 다양해진다.

그리고 푸른색의 돌로 만든 대롱구슬을 비롯한 굽은구슬·연옥고리·옥단추 등의 장식품이 많이 발견되고 있으며, 뼈연모의 모습이 다양하게 나타나 제작과 쓰임이 보편화되었던 것 같다.

특히 범의구석에서는 뼈비늘 갑옷조각, 짐승의 어깨뼈를 불에 구워서 만든 점을 치는 점뼈, 흙을 빚어서 만든 인형, 돼지 조소품 등이 나와 상당한 수준의 문화를 꾸리면서 살림살이를 이어갔던 것으로 여겨진다(사진 4-12).

토기는 크게 갈색토기와 붉은간토기가 있다. 갈색토기는 큰 독·항아리·단지·보시기 등 여러 가지가 있으며, 입술이 밖으로 조금 벌어진 화분 모양으로 대부분 무늬가 없지만, 가끔 겹입술과 그 밑에 줄 구멍이나 덧띠가 있는 경우도 나타나고, 1쌍의 꼭지 손잡이가 몸통에 붙어있는 경우도 있다.

붉은간토기로는 밖으로 벌어진 목이 달린 단지류를 비롯하여 여러 종류가 있는데, 고운 흙으로 만든 다음 겉면을 문질러 산화철을 발랐다. 덧띠나 여러 가지의 새김무늬가 있으며, 가끔 검은 물감으로 무늬를 그린 것도 있다.

한편 함남지역을 중심으로 한 동해 연안에는 붉은간토기가 출토되는 신포의 강상·호만포 유형과 검은 간토기가 찾아진 용흥강 유역의 금야 유형이 있다.

문화의 성격이 비교적 잘 알려진 금야 유형의 유적에는 용흥강 유역을 비롯하여 북청 중리와 토성리가 있다. 용흥강 유역의 10호 집터에서는 용마루와 서까래가 탄 흔적이 발견되어 양쪽으로 경사진 지붕이 있던 집이었으리라 여겨진다. 그리고 이곳에서는 비파형창끝의 거푸집을 비롯하여 도끼·방울의 거푸집이 발견되어 청동기의 제작과 사용이 활발하였던 것으로 보인다.

또한 함남의 동해안에서 찾아진 무덤은 모두 탁자식 고인돌이다. 마천령 이북의 김책, 길주, 화대 일대에서 발견된 고인돌에서는 금야 유형의 구멍무늬토기가 출토되고 있다.

II. 북부지방의 청동기유적 (그림 4-1)

1. 집터

1) 라진 초도유적

1949년 9월부터 10월까지 국립 청진역사박물관에서 조사한 이 유적은 함북 라진시 유현동 초도(대초도, 마섬)의 북쪽 바닷가 낮은 언덕에 있으며, 광복 이후 북한에서 처음으로 발굴조사한 선사유적이다.

여러 기(基)의 움집터와 무덤이 발견된 이 유적의 집터는 평면 생김새가 긴 네모꼴로 바닥에 찰흙을 얇게 깔았고 벽과 나란히 기둥구멍이 조사되었으며, 화덕은 강돌을 돌려서 만든 것이 많다. 또한 집터는 조가비층을 사이에 두고 움과 화덕의 깊이가 다르게 나타나, 적어도 2시기에 걸쳐서 집을 짓고 살았던 것 같다.

유물은 석기·뼈연모·꾸미개·토기·청동유물 등 다양한 모습을 보여준다.

석기는 흑요석과 수정을 감으로 한 뗀석기와 화강암·편마암·안산암을 가지

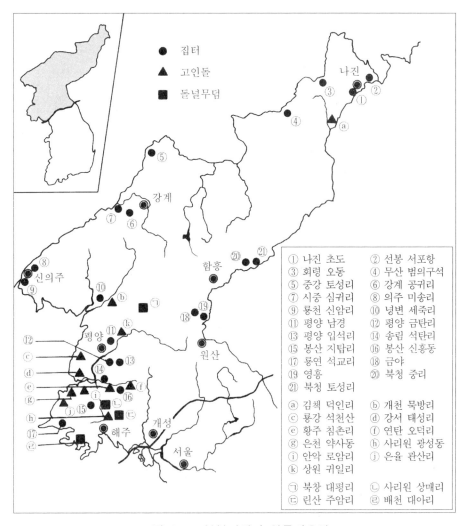

그림 4-1. 북부지방의 청동기유적

고 만든 간석기로 구분해볼 수 있으며, 괭이·도끼·그물추·끌 등이 발견되었다.

보시기·항아리·단지·굽접시 등 종류가 다양한 토기는 갈색 토기와 붉은 간토기가 대부분이며, 토기 어깨 부분에 무늬를 새기거나 덧띠를 붙인 것도 있다. 고리나 손잡이가 있는 것이 많고 바닥은 납작한데, 특히 시루가 발견되어 당시 사람들의 식생활에 대한 측면을 살펴볼 수 있다(사진 4-13).

뼈연모는 바늘과 바늘통·비녀·낚시가 있고, 조가비로 만든 연모와 꾸미개도

144

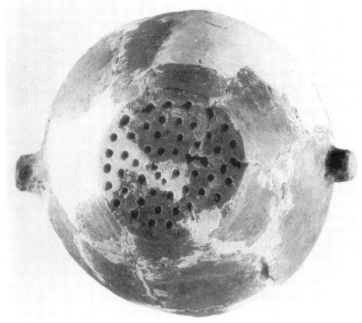

사진 4-13. 초도 출토 붉은간토기와 시루

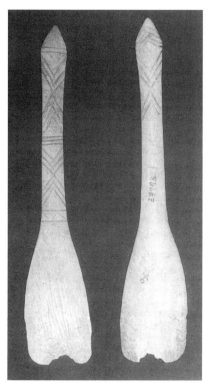

사진 4-14.　초도 출토 뼈숟가락　　　　사진 4-15.　초도 출토 청동방울

출토되었다(사진 4-14).

　청동 유물은 주조품인 원판형기·방울·치레걸이와 단조품인 가락지가 출토
되었다. 원판형기는 신암리유적의 청동단추와 비슷하며, 약간 도드라진 겉면의
가장자리에는 잔 줄무늬가 새겨져 있다. 높이 7cm의 비교적 작은 청동방울은
금야유적의 거푸집과 비슷하고, 청동가락지와 치레걸이(대롱구슬)는 청동 제조
기술의 발전된 모습을 보여준다(사진 4-15).

　이 밖에 많은 짐승뼈와 물고기뼈 그리고 조가비가 발견되었다.

　무덤은 그 구조를 알 수 있는 것이 없으며 모래바닥에 그대로 묻은 움무덤으
로 여겨지는데, 여기서 14사람 분의 사람뼈가 발견되었다. 이 가운데 50~70살
의 여자로 키가 155cm 정도 되는 1호와 20살 가량의 남자로 키가 160cm 정도
되는 10호는 북쪽에 머리를 두고 반굽혀묻기를 했던 것 같다. 껴묻거리로는 11
호의 묻힌 사람 가슴 앞에서 청동구슬이 나왔을 뿐이다.

이 유적은 출토유물로 봐서 오동유적과 아주 비슷하며, 청동기의 제작 기술이 앞 시기보다 매우 뛰어나 당시 사회의 발전 모습을 알려주고 있다.

함북 동해안 지역의 대표적인 이 유적의 연대는 기원전 2천년기 후반부터 기원전 1천년기 초반에 해당하는 것으로 해석된다.

　　* 고고학 및 민속학연구소, 《나진초도원시유적 발굴보고》(유적발굴보고 제1집), 1956.

2) 선봉 서포항유적

이 유적은 구석기부터 청동기문화까지 층위를 이루고 있는 곳으로, 함북 선봉군(웅기군) 굴포리 서포항동에 위치하며, 1960~1964년까지 발굴조사되었다.

서포항동 마을에 '번개'라고 부르는 늪가의 해발 5~7m 되는 얕은 산비탈에 자리한 조개더미를 파서 만든 이 유적은 바다에 접한 곳이어서 선사시대 사람들이 터전을 잡고 살기에는 아주 좋은 지역이다.

청동기문화는 크게 2개의 층으로 나누어지는데, 아래의 문화층에서는 5기의 집터와 움무덤 2기가, 위의 문화층에서는 집터만 4기가 발견되었다.

우리나라에서 발견된 가장 이른 청동기시대의 집터 가운데 하나인 아래 문화층의 집터(2·5·6·14·25호)들은 모두 긴 네모꼴로 반움집이며 바닥에는 조가비와 찰흙을 다져 놓았다. 이 집터 가운데 5호와 6호 집터는 같은 움을 2번 이용한 것으로서 주목된다(그림 4-2). 위 문화층의 집터(1·4·10·24호)들도 평면이 모두 긴 네모꼴의 반움집이며, 길이의 방향은 남북쪽이다(사진 4-16). 이들 집터는 조개더미를 파서 만들었으므로 기둥구멍은 대부분 남아 있지 않았다. 화덕은 거의가 한쪽으로 조금 치우쳐 있는데, 맨바닥을 그냥 이용하거나 돌을 가지고 둘레에 구획을 정해놓았다.

집터에서 발견된 유물은 토기·석기·뼈유물·예술품 등이 있다. 토기는 크게 갈색 토기와 붉은 간토기로 나누어 볼 수 있는데, 위 문화층과 아래 문화층에서 나온 것이 대부분 비슷하지만 위 문화층에서 목이 있는 단지가 나왔다는 점, 붉은 간토기가 많다은 점 등에서 차이를 보인다.

위 문화층에서 출토된 갈색 토기는 입술의 가장자리나 그 바로 밑에 무늬가 새겨져 있어서 신석기문화의 새김무늬 전통으로 주목된다.

석기로는 돌도끼·곰배괭이·돌끌 등이 발견되었고 뼈낚시·뼈바늘·바늘통

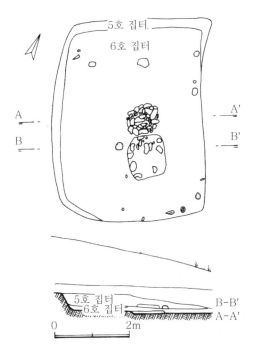

그림 4-2. 서포항 집터(5·6호)

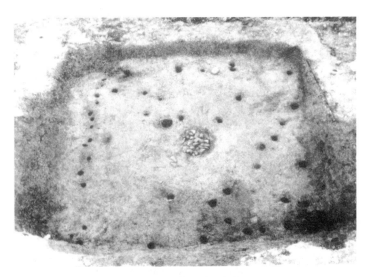

사진 4-16. 서포항 집터(24호)

 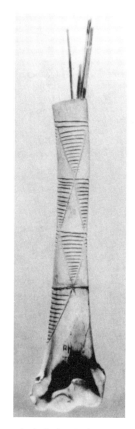

사진 4-17. 서포항 출토 뼈피리와 뼈바늘통

도 출토되었으며, 특히 새뼈에 13개의 구멍을 한 줄로 뚫어 만든 뼈피리·흙을 빚어 만든 인형·돌로 만든 돼지 조각품 등은 다양한 문화의 모습을 보여 주고 있다(사진 4-17).

한편 북한에서는 흙인형을 남성으로 보고, 이를 부신(父神) 숭배의 표현으로 해석하며, 당시 사회를 부계씨족사회로 이해하고 있다.

주검을 바로펴묻기한 움무덤은 2기가 조사되었으며, 모두 조가비층을 파고 만들었다.

1호(크기 : 200×70×140~150cm)는 길이의 방향은 동서쪽이며, 조가비 때문에 사람뼈와 껴묻거리가 잘 남아 있다. 묻힌 사람의 머리뼈는 서쪽을 향하고 있는데, 키가 150cm 정도 되는 여자이다.

겨묻거리로는 왼쪽 위팔뼈와 나란히 뼈바늘통이 놓여 있는데, 그 위에 의례용으로 특별히 만든 긴 바늘이 있는 것을 비롯하여 다리 부분에서는 화살촉·흑요석기가, 목 부분에서는 조가비로 만든 목걸이가 발견되었다.

2호(크기 : 250×120×50~60cm)는 길이의 방향이 남북쪽으로 머리가 북쪽에 놓여 있는데, 다리를 서로 엇갈린 모습인 'X'자 모양으로 놓아 주목된다. 무덤에서 이러한 'X'자 모양과 관련된 상징물이 옥천 안터와 화순 대전 고인돌을 비롯하여 삼국시대 토기에서도 발견되고 있어서 죽음의 상징과 관계가 있는 의미로 이해된다. 묻힌 사람은 키가 160cm 정도 되는 남자로 보이며 겨묻거리는 없었다.

서포항유적은 비교적 이른 청동기시대인 기원전 2천년기 전반부터 후반까지 긴 기간 동안 문화가 이룩되었던 것 같다.

* 김용간·서국태, 〈서포항 원시유적 발굴보고〉, 《고고민속론문집》 4, 1972.

3) 회령 오동유적

함북 회령군 회령읍 오동에 위치한 이 유적은 두만강의 샛강인 회령천과 팔을천 사이의 강안 충적지대에 있다.

한국전쟁 후 북한에서 처음으로 조사한 이 유적의 범위는 수만 평방미터이며, 유물이 출토되는 층이 상당히 두터워서 사람들이 오랜 기간 동안 이곳에 터전을 잡고 살아왔던 것 같다. 1954~1955년 2차에 걸친 400㎡ 범위의 발굴조사에서 9기의 집터(6호는 초기 철기시대)와 5천 여 점의 유물이 발견되었다.

집터는 짜임새와 출토유물의 특징에 따라 제1기(1·2호), 제2기(4·8호), 제3기(5호) 등 크게 3시기로 나누고 있다(그림 4-3, 사진 4-18).

제1기와 제2기의 집터는 평면의 생김새가 긴 네모꼴이며, 움은 비교적 깊은 60~80cm이다. 집터의 길이의 방향은 모두 동남-서북쪽이며, 바닥은 찰흙을 깐 다음 다졌고 널판지를 깐 흔적이 있는 집터(4호)도 있다. 기둥구멍이 모두 4줄을 이룬 점도 특징이며, 특히 5호 집터의 기둥구멍 2줄에는 기둥이 아래로 내려가지 않게 주춧돌이 놓여 있어서 발전된 건축 기술의 한 부분을 확인할 수 있다.

이 유적의 집터에서 나온 유물을 살펴보면, 시기에 따라서 변화된 발전 모습을 보여주고 있어 주목된다.

이른 시기의 제1기·제2기 집터에서는 흑요석 석기가 상당히 많이 발견되어

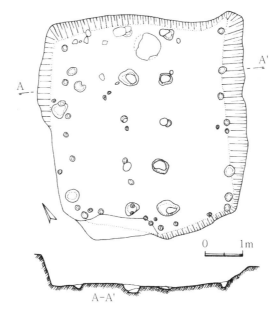

그림 4-3. 오동 집터(5호)

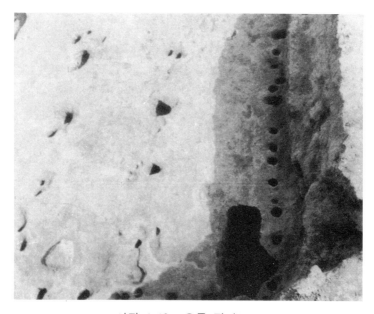

사진 4-18. 오동 집터(8호)

큰 비중을 차지하지만, 늦은 시기인 제3기 집터에서는 이것들이 점차 줄어들고 그 대신에 점판암으로 잘 만든 간석기의 수가 많아짐을 알 수 있다. 이 밖에 석기는 쓰임새에 따라 분류·보고되었는데, 화살촉·돌도끼·곰배괭이·돌끌·매부리형 석기 등이 출토되었다.

토기를 보면 제1기에서는 검붉은 빛깔의 무늬 없는 갈색 토기가 가장 많고 붉은 간토기도 발견되며, 가끔 입술 부분에 구멍장식을 하거나 새김무늬토기의 전통으로 보이는 점선무늬가 있는 토기도 출토된다.

제2기와 제3기에서는 갈색 토기와 함께, 토기의 벽이 비교적 두터우며 안팎을 갈아서 윤이 나게 문지른 검은 간토기도 발견되고 있다.

이 밖에 꾸미개로 단추·구슬·옥가락지·뼈빗이 있으며, 4호 집터 안에서는 집이 탈 때 함께 타죽은 것으로 보이는 사람뼈가 흩어져 있어서 주목된다.

한편 탄화된 콩·팥·기장 등이 출토되어 당시의 농경을 짐작해볼 수 있다.

짐승뼈는 개·돼지·소·노루·사슴·꿩 등이 발견되었고, 깨뜨려서 골수를 먹었던 팔뼈가 많이 출토되었으며, 특히 흑요석 화살촉이 박힌 팔뼈가 조사되어 당시의 사냥 기술을 알 수 있다.

그리고 많은 물고기뼈와 조가비도 발견되었는데, 조가비는 모두 바다에서 나는 것으로 유적에서 바다까지는 80km쯤 되기 때문에 당시 사람들의 교역과 이동에 대한 여러 가지를 살펴볼 수 있는 자료가 된다.

우리의 선사문화에 대한 이해가 폭넓지 못한 상태여서, 오동유적은 발굴 당시까지 신석기문화로 보았다. 그러나 그 뒤에 연대 설정, 유적의 비교 연구 등을 통하여 청동기문화로 해석하였으며, 북한 고고학계에서 신석기와 청동기를 구분하는 데 하나의 기준이 되었다. 또한 발굴보고서를 보면 아주 짜임새 있게 구성되어 있는데, 특히 출토 유물을 가지고 연모 재료와 제작 기술에 따라 쓰임새·만드는 과정 등을 복원한 것은 당시 북한 학계의 수준을 가늠해볼 수 있는 한 자료이다.

이 유적의 문화상은 범의구석 문화와 비슷하며 두만강 유역에서 독특하게 발견되고 있어서 '오동 유형'이라고 부르며, 기원전 2천년기부터 기원전 1천년기 초반에 해당하는 것 같다.

* 도유호, 《회령오동원시유적발굴보고》(유적발굴보고 제7집), 1960.

4) 무산 범의구석유적

이 유적은 함북 무산군 무산읍 호곡동에 있으며, 두만강과 그 샛강인 성수천이 합쳐지는 곳의 '말기'라고 부르는 언덕에 있다.

이곳은 4개 지점에서 신석기시대부터 초기 철기시대의 집터가 서로 겹놓인 채 50여 기의 집터가 발굴되었으며, 문화층이 6기로 나누어진다. 청동기시대는 제2기~제4기이며, 평면이 긴 네모꼴 움집 16기가 발견되었다(그림 4-4).

제2기에 해당하는 집터는 4기로 거의가 남북방향으로 놓여 있다. 집터의 크기는 40㎡를 넘어서(20호만 18.8㎡) 큰 편이고, 움의 깊이가 120~170cm 정도로 깊은 것이 특징이다. 바닥은 찰흙을 그대로 다졌으며, 기둥구멍은 4줄로 나란하게

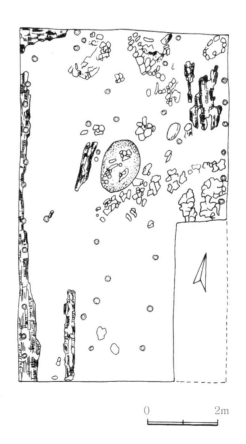

0   2m

그림 4-4. 범의구석 집터(8호)

줄을 이루고 있는데, 오동 제1기층의 집터와 비슷하다. 이 시기의 집은 모두 불에 타서 움 바닥에 기둥·서까래·이엉 등이 탄 숯과 재가 쌓여 있었고, 특히 15호 집터에서는 숯이 된 판자가 나오고 있어서 집 짓는 기술이 발달한 것으로 해석된다.

제3기 집터는 길이의 방향이 동서쪽으로, 주춧돌 없이 기둥을 세운 것과 4줄로 주춧돌을 놓고 기둥을 세운 집터로 나뉘며, 모두 4기이다.

제4기 집터에서는 8기가 발견되었으며, 길이의 방향이 거의 남북쪽이고 3~4줄의 주춧돌이 놓여 있어서 이 시기에는 주춧돌을 사용하는 것은 보편화되었던 것 같다.

이 유적의 출토 유물은 여러 가지인데, 토기를 보면 갈색 민토기가 대부분이고, 제2기의 집터에서는 붉은 간토기, 제3기는 갈색 간토기, 제4기는 검은 간토기가 출토되어 시기별 구분이 어느 정도 가능하다. 그리고 높이 80cm가 넘는 독을 비롯하여 바리·보시기·단지 등이 발견되었다(사진 4-19).

사진 4-19. 범의구석 출토 독(높이 84cm)

반달돌칼·화살촉·돌도끼 등의 석기와 뼈로 만든 송곳·낚시가 출토되었고, 옥제품·흙으로 만든 단추·남자와 돼지 조소품·뼈비늘갑옷·점뼈·낟알 등도 나와 주목된다.

제4기의 집터에서 나온 석기를 보면 앞 시기의 흑요석 뗀석기가 상당히 줄어들고 간석기가 많이 발견되는 점이 주목된다. 제2기의 집터에서 기장과 수수 낟알이 많이 나오는 것에서 당시의 생업 경제에 대한 것을 살펴볼 수 있고, 작은 구멍이 많이 있는 점뼈는 신앙과 관련이 있는 것으로 여겨진다.

범의구석유적(제2기)은 붉은 간토기와 석기로 봐서 서포항 위 문화층과 비슷하며, 출토유물로 미루어 기원전 2천년기 후반부터 기원전 1천년기 전반에 걸쳐 이루어진 것 같다. 또한 제2기의 15호 집터는 방사성탄소 연대측정 결과 2430±120B.P.(보정연대 기원전 810~기원전 210년)로 나타나 이러한 연대 설정을 뒷받침해주고 있다.

  * 황기덕, 〈무산 범의구석 유적발굴보고〉, 《고고민속론문집》 6, 1975.

5) 중강 토성리유적

자강도 중강군 토성리의 압록강 상류에 위치한 이 유적은 청동기시대의 집터 3기가 조사되었다. 집터의 평면은 긴 네모꼴이고 얕은 움집으로 집안 곳곳에 주춧돌이 있는 것으로 봐서 기둥구멍을 파지 않은 채 그냥 기둥을 세웠던 것 같다.

집터의 바닥은 붉은 모래를 단단히 다졌으며(1호), 화덕은 한가운데 있거나 한쪽으로 조금 치우쳐 있다.

출토 유물로는 간돌검·반달돌칼·흑요석 석기 등의 석기와 단지·대접·보시기 등 여러 종류의 토기가 나왔으며, 전형적인 미송리형 토기도 2점이 발견되었다(사진 4-20). 특히 1호 집터는 토기나 집터의 짜임새를 보았을 때 같은 시기의 공귀리 4·5호 집터와 비슷한 점이 많다. 이 유적은 기원전 2천년기 후반이나 기원전 1천년기 초반에 형성된 것 같다.

  * 정찬영, 〈토성리유적〉, 《압록강독로강유역고구려유적발굴보고》(유적발굴보고 제13집), 1983.

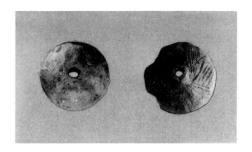

사진 4-20. 토성리 출토 가락바퀴

6) 강계 공귀리유적

자강도 강계시 공귀리에 위치한 이 유적은 1955년 과학원 물질문화사연구소 (뒤에 고고학 및 민속학연구소)에서 발굴조사하였다.

유적은 독로강의 샛강인 사진천이 합류되는 곳의 하안 단층지역에 자리하며, 모두 6기의 집터와 1기의 돌널무덤이 발견되었다(그림 4-5).

6기의 집터는 층위와 집자리의 짜임새가 서로 시기를 달리 하므로 2개의 문화층으로 구분될 수 있다.

아래 문화층의 집터(2·3·6호)는 모두 긴 네모꼴의 반움집이며, 바닥에는 찰흙이나 모래를 다져놓았다. 화덕은 집 가운데에서 조금 옆으로 치우쳐 있는데, 맨땅을 그냥 이용하거나 돌을 돌려놓은 것 등이 있다. 집터의 짜임새에서 보이는 특이한 점은 움벽 밖으로 작은 움을 덧내어 튀어나오게 한 것인데, 이것은 연모를 넣어둔 창고였던 것으로 해석된다. 이 층의 집터에서 2호와 6호는 집터의 바닥보다 20~40cm쯤 더 깊은 구덩이로 연결되어 주목된다.

위 문화층의 집터(1·4·5호)는 네모꼴에 가까운 반움집들이다. 비교적 잘 남아 있는 4호와 5호를 보면 화덕자리와 기둥구멍의 모습이 비슷하며, 이 층의 집터 3기는 구덩이로 모두 연결되어 있다. 기둥구멍은 대부분 움벽 가까이에서 발견되었으며, 5호 집터는 4벽 쪽으로 4~5개가 줄을 이루고 있다. 그리고 4호 집터에도 움벽 밖으로 나온 작은 벽장움이 있다. 발굴조사 결과를 가지고 이 층의 집터들을 복원해보면 집 가운데에 큰 기둥을 세우고 4면으로 경사지게 지붕을 이룬 고깔 모양의 사각추 모습이다(그림 4-6).

출토유물은 석기와 토기 그리고 치레걸이, 청동유물 등이 있다.

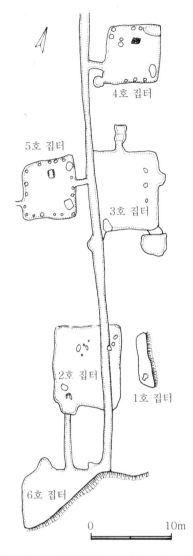

그림 4-5. 공귀리 집터 배치 및 교통호

석기는 대패날·화살촉·반달돌칼·낫·발화석·달도끼와 별도끼 등이며, 종류와 양이 많고 달도끼와 별도끼 등에서 나타나는 매우 뛰어난 제작기술이 돋보인다.

보시기·항아리·단지 등의 토기는 대부분 고리나 꼭지 손잡이가 달려 있는

그림 4-6. 공귀리 집터 복원(5호)

것이 많고, 입술 바로 밑에 구멍을 장식한 것, 덧띠를 두른 것, 무늬를 새긴 것 등이 있다.

치레걸이는 곱돌로 만든 대롱구슬이 있고, 5호 집터에서는 작은 청동유물의 조각이 발견되었다.

이 공귀리유적의 집터는 우리나라 동북과 서북지역의 청동기문화 요소가 섞여 있어서 두 지역의 문화 교류를 보여주는 것으로 이해된다.

점판암의 판석을 가지고 만든 돌널무덤은 길이의 방향이 동서쪽이고 크기는 125×57~40cm이다. 묻기는 무덤방의 크기로 봐서 굽혀묻기를 했던 것으로 해석되며, 북쪽 벽에 잇대어 80×30cm 크기의 딸린 돌널이 발견되었다.

껴묻거리는 집터에서 나온 것과 같은 토기조각·흑요석 조각·대롱구슬 등이다.

이 유적이 형성된 시기는 기원전 2천년기 후반부터 기원전 1천년기 초반까지 비교적 긴 기간 동안으로 여겨진다.

  * 김용간,《강계시 공귀리 원시유적 발굴보고》(유적발굴보고 제6집), 1959.

7) 시중 심귀리유적

자강도 시중군 심귀리에 위치한 이 유적은 독로강 중류의 강가에 있으며, 3기의 집터가 조사되었다.

조사된 집터는 모두 긴 네모꼴이며, 움의 깊이가 60~80cm 가량 되는 움집이었고, 바닥에는 찰흙을 다져 놓았다. 그리고 화덕자리는 긴 네모꼴로 구획을 지워놓았으며, 바닥에는 돌을 깔았다.

1호 집터에서는 북쪽으로 튀어나온 돌출부가 보이는데 이는 벽장으로 해석되며, 서까래가 탄 것으로 보이는 긴 나무숯이 줄을 이룬 채 발견되었다.

2호 집터는 90㎡가 넘는 크기로 우리나라 청동기시대 집터에서 가장 큰 것 가운데 하나이다. 동남쪽 벽에는 바닥보다 조금 높은 나들이 시설이 있고 네 귀퉁이에는 기둥구멍이 있으며, 집 바닥에는 8개의 주춧돌이 2줄로 놓여 있어서 발달된 집의 구조를 가졌던 것 같다.

집터에서 나온 유물로는 돌도끼·반달돌칼·낫 등의 석기와 흙으로 만든 가락바퀴·그물추 그리고 토기가 있다.

사진 4-21. 심귀리 출토 단지(높이 21.5cm)

토기의 종류는 단지·항아리·바리 등 여러 가지이며, 목이 있는 것과 없는 것이 있다. 그리고 팽이토기의 밑과 비슷한 납작밑이 발견되기도 하며, 손잡이가 달린 것도 있고 밑바닥에 잎줄기의 무늬가 새겨진 것도 있다. 특히 1호 집터의 바닥에 박혀 있는 큰 토기에는 도토리와 함께 작은 단지가 들어 있어서 주목된다(사진 4-21).

기원전 1천년기 전반에 속하는 이 유적은 토기에서 압록강 중상류지역의 청동기시대를 대표하는 중강 토성리유적이나 공귀리유적과 비슷한 점이 많아 이 지역의 청동기문화를 연구하는 데 중요하다.

* 정찬영, 〈심귀리 집자리〉, 《압록강 독로강 유역 고구려유적 발굴보고》(유적발굴보고 제13집), 1983.

8) 의주 미송리유적

평북 의주군 의주읍 미송리에 있는 석회암 동굴유적으로 2개의 문화층으로 구분되는데, 청동기시대는 '웃문화층'이고 '아래문화층'은 신석기시대에 해당한다.

'웃문화층'에서는 목달린 단지·보시기형 토기·굽이 높은 대접 등의 여러 가지 토기와, 청동도끼·화살촉·뼈바늘·대롱옥 그리고 많은 짐승뼈가 출토되었다(그림 4-7).

토기의 겉면은 매끈하게 갈려 있고 몸통에 줄무늬가 새겨진 긴 목단지는 손잡이가 달려 있으며 물동이 모양을 하고 있는데, 이러한 토기를 '미송리형 토기'라고 한다. 이러한 토기는 개천 묵방리 고인돌에서도 발견된다.

입술이 밖으로 벌어지고 몸통이 통통한 보시기형 토기는 공귀리유적에서 나온 토기와 비슷하다. 청동도끼는 등쪽이 주머니처럼 되어 있고, 범·돼지·노루·꿩 등 여러 가지 짐승뼈도 같이 보인다.

이 유적은 청동기시대 층에서 나온 유물로 봐서 압록강·송화강 유역의 기원전 1천년기 전반인 후기 정동기문화와 비슷한 점이 많고, 돼지 등의 짐승뼈는

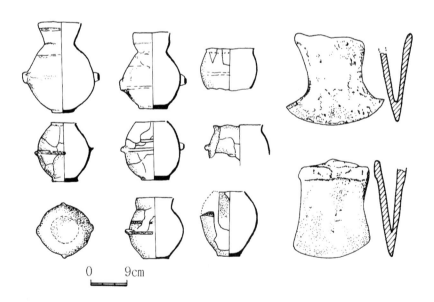

0   9cm

그림 4-7. 미송리 출토 미송리형 토기와 청동도끼

가축화하는 과정을 이해하는 데 도움이 된다.

* 김용간, 〈미송리 동굴유적 발굴보고〉, 《각지유적정리보고》(고고학자료집 제3집), 1962.

9) 룡천 신암리유적

이 유적은 평북 룡천군 신암리에 있으며, 해발 35m 안팎의 얕은 야산 곳곳에 신석기시대부터 고구려까지의 유물이 나오는 층이 겹놓여 있는 복합유적이다.

1지점(청동말래유적)에서는 신석기시대의 토기가 나오고, 2지점(모래산유적)에서는 신석기시대~삼국시대의 문화층이 층위를 이루고 있으며, 3지점(마을 축사 앞)에서는 신석기시대(제1문화층)와 청동기시대의 제2문화층이 확인되고 있다.

2지점의 제2문화층('미송리형 그릇층')에서는 5기의 집터가 발견되었는데, 2호를 제외한 나머지는 서남-동북 방향으로 한 줄을 이루고 있다. 바닥에는 찰흙이나 모래를 다져 놓았으며, 기둥구멍은 4호에서만 조사되었다.

출토 유물로는 단지 모양의 미송리형 토기를 비롯하여 입술에 빗금이 있는 많은 토기조각과 5호 집터에서 보이는 변형 팽이토기처럼 목이 길고 어깨가 있는 토기, 그리고 돌도끼·가락바퀴·반달돌칼 등이 있다.

3지점의 제2문화층에서는 5기의 구덩이가 조사되었다. 이 가운데 4호와 5호 구덩에서는 입술 밑에 덧무늬가 있는 많은 토기조각과 달도끼·화살촉, 흙이나 옥돌로 만든 치레걸이 등이 출토되었다.

또한 4호 구덩이 바로 옆의 같은 층에서는 청동칼과 청동단추를 비롯한 청동유물, 긴 목단지와 굽접시 등의 토기, 반달돌칼·숫돌·달도끼 등의 석기가 출토되어 주목된다(사진 4-22). 특히 길이가 18.6cm이고 너비가 1.9cm인 청동칼이 5조각으로 찾아졌다. 이 청동칼은 자루 쪽에 고리가 달려 있으며, 등이 약간 휘고 날은 한쪽에만 있다. 청동판으로 만들어진 청동단추는 휜 안쪽에 고리가 1개 있고 거의 반쪽이 없는 상태인데, 초도유적에서 발견된 원판모양 청동유물과 비교된다.

2지점과 3지점 제2문화층의 선후관계는, 3지점 제2문화층에서 출토된 입술로 밑에 덧무늬가 있는 토기로 볼 때, 1지점의 신석기 토기에서도 이러한 것 찾아졌기에 서로 비슷한 점이 많은 것으로 해석되어 3지점이 조금 앞서는 것으로 보고 있다.

사진 4-22. 신암리 출토 굽바리

　위와 같은 문화를 가진 신암리유적은 토기의 특징과 이른 시기의 청동유물 등으로 볼 때 압록강 하류와 요동(쌍타자 3기층) 지역의 청동기문화를 서로 연결 시켜 주는 것으로 이해되며, 기원전 2천년기 후반에 해당한다.

　　* 신의주력사박물관, 〈1966년도 신암리유적 발굴간략보고〉, 《고고민속》 67-2, 1967.

10) 녕변 세죽리유적

　이 유적은 평남 녕변군 녕변읍 세죽리의 청천강 옆 하안 충적층에 위치한다. 이곳에서는 신석기시대부터 역사시대에 이르는 여러 가지 유형의 많은 집터가 발굴되었는데, 청동기시대 것은 7기이며 2가지 유형으로 나누어볼 수 있다.

　첫째 유형의 집터(10·27·28호)는 3기가 발굴되었는데, 10호와 27호는 집의 크기·움 깊이·화덕자리 등이 거의 비슷하다. 평면 생김새를 보면 10호는 타원형이고 나머지는 네모꼴이며, 바닥은 모두 모래인 맨바닥이다. 특히 27호는 북쪽에 출입문이 있다. 기둥구멍은 보이지 않고 4벽에서 집 가운데를 향하여 넘어진 통나무 숯이 많이 남아 있는데, 기둥이나 서까래가 탄 것으로 생각되기 때문에 움벽의 가장자리를 돌아가면서 기둥을 세운 집이었던 것으로 보고 있다(그림 4-8).

　둘째 유형의 집터(11·13·16·18호)는 4기이며, 평면 생김새는 긴네모꼴(11호), 네모꼴(13·16호), 원형(18호) 등 여러 가지다. 집터의 넓이는 9.1㎡(18호)부터 45.5㎡(43호)까지이고 움 깊이는 30cm쯤 된다. 기둥구멍은 첫째 유형처럼 움 바닥에 남

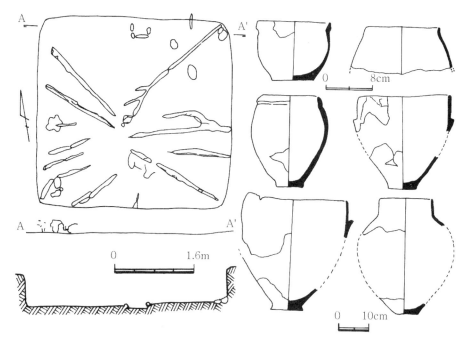

그림 4-8. 세죽리 집터(27호)와 출토 토기

아 있지 않으며, 움벽의 가장자리에 탄 통나무 기둥이 있다.

출토 유물을 보면 집터 유형에 따라 차이가 나타나는데, 첫째 유형에서는 석기가 적고 접입술과 목이 있는 공귀리형의 토기가 보이며, 둘째 유형에서는 반달돌칼·돌도끼·돌화살촉 등의 석기와 이른 시기의 미송리형 토기가 출토되었다.

세죽리유적의 연대는 기원전 2천년기 후반이나 기원전 1천년기 전반으로 해석된다.

　＊ 김정문, 〈세죽리유적 발굴 중간보고(1)〉, 《고고민속》64-2, 1964.
　＊ 김영우, 〈세죽리유적 발굴 중간보고(2)〉, 《고고민속》64-4, 1964.

11) 평양 남경유적

이 유적은 평양시 삼성구역 호남리 남경마을의 대동강 옆 충적대지에 위치하며, 강 건너의 금탄리유적과 마주보고 있다. 유적의 범위는 동서가 1,000m, 남북이 50m로 상당히 넓은 편에 속한다. 1979~1981년에 3차에 걸친 발굴조사로 청동기시대 집터 22기를 비롯한 5기의 돌널무덤 등이 발견되었다(그림 4-9, 사진 4-23).

팽이토기문화의 대표적 유적인 이곳의 집터는 서로 겹놓인 상태와 집의 짜임새 그리고 출토 유물로 봐서 3시기로 나뉜다.

1기에 해당하는 집터는 모두 7기인데, 길이의 방향이 동서로 놓여 있으면서 기둥구멍이 없고 4벽이 경사진 집터와, 길이의 방향이 남북이고 벽체가 수직인 집터 등 2가지로 나뉜다. 또한 이 시기의 집터는 크기가 비교적 작은 편으로, 바닥은 찰흙을 깔고 다지거나 고른 흔적이 보이는 것 등이 있다. 이와 같은 짜임새의 집터는 금탄리유적의 1호와 2호, 그리고 석탄리유적의 첫째 유형 집터와 비슷한 점이 많다.

2기의 집터는 1기의 전통을 이어받은 것으로, 움 바닥의 가운데에 기둥구멍이 없이 4벽을 따라 지름 10cm 정도의 통나무를 가지고 벽체를 만든 것과, 집터 가운데에 기둥구멍이 1줄로 있고 4벽에 통나무로 기둥이나 벽체를 이룬 것, 이렇게 크게 2가지가 있다. 이 시기의 집터는 모두 9기가 조사되었으며, 길이의 방향은 남북쪽이었고 바닥은 대부분 찰흙을 깔고 다졌다.

3기의 집터는 집 가운데에 1줄의 기둥구멍이 있으며, 움 바닥의 높낮이에 따른 경사가 있어서 2지역으로 구분되는 점이 특징이다. 이러한 집터는 모두 6기가 발견되었다.

출토 유물 가운데 토기는 바탕흙과 색깔의 차이가 없고 생김새가 조금씩 다르다. 1기 집터에서는 높이가 20cm 정도 되는 전형적인 팽이토기와 60~70cm 정도 되는 변형 팽이토기가 섞여 나오며, 2기에서는 화분토기와 미송리형 토기가 출토된다. 그리고 3기에서는 미송리형 토기가 없고 팽이토기가 많다.

석기로는 반달돌칼·갈돌·그물추·돌도끼·발화석 등 여러 가지가 출토되었고, 꾸미개인 대롱옥과 흙구슬도 발견되었다.

특히 1호 집터에서는 기장이, 36호 집터에서는 벼·콩·조·기장·수수 등 5곡이 나와서, 서북지역의 팽이토기문화 유형의 살림을 꾸리던 사람들에게 농업은 중요한 생산 수단이었음을 보여준다. 또한 평양지역에서 청동기시대에 벼농사가 이루어졌다는 사실은 벼의 전파와 재배 문제에 대한 지금까지의 여러 의견을 다시 살펴보는 계기가 되기도 한다(사진 4-24).

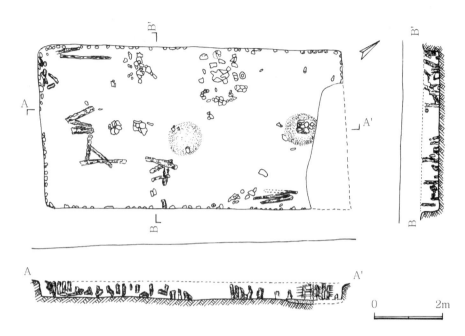

그림 4-9. 남경 집터(36호)

사진 4-23. 남경 출토 삿자리

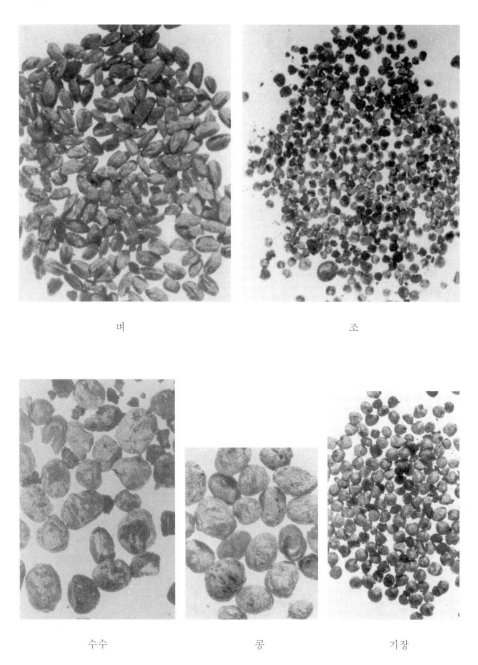

벼

조

수수

콩

기장

사진 4-24. 남경유적 출토 곡식 낟알(벼·조·수수·콩·기장)

돌널무덤은 5기가 발견되었지만 짜임새를 알 수 있는 것은 1호와 4호이며, 나머지는 많이 파괴가 되었다.

4호(크기 : 135×46×48cm)는 34호 집터의 바로 곁에 있으며, 돌널이 안팎으로 넘어지지 않도록 밑부분에 돌과 흙을 다진 흔적이 남쪽과 북쪽에서 발견되었다. 이 돌널무덤은 미송리형 토기가 나오는 것으로 봐서 2기 집터에 살던 사람들이 남긴 것으로 해석된다.

한편 1기의 집터에 해당하는 36호에서 발견된 숯을 방사성탄소 연대측정한 결과 999±72B.C.(보정연대 기원전 1270~기원전 860년)로 나와 남경유적의 연대를 가늠해볼 수 있게 한다.

  * 김용간·석광준, 《남경유적에 관한 연구》, 1984.

12) 평양 금탄리유적

대동강 중류의 샛강인 남강의 언저리에 있는 평양시 사동구역 금탄리유적은 신석기시대와 청동기시대의 집터가 층위를 이루고 있으며, 청동기 집터는 3문화층('팽이그릇층')에 해당한다.

4기의 집터(1~3호·8호)가 발굴되었는데 평면은 모두 긴 네모꼴이고, 30~50cm 안팎의 반움집으로 바닥은 찰흙을 깔고 다졌다.

집터에서는 겹입술에 좁은 밑의 굽이 있는 팽이토기와 몸통의 윗부분에 긴 목이 달린 변형 팽이토기를 비롯하여 화살촉·돌도끼·반달돌칼·청동끌 등이 발견되었다(그림 4-10). 이러한 유물은 모두 팽이토기 유형의 집터에서 나오는 것이며, 특히 8호 집터에서 발견된 청동끌은 주조품으로서 청동기문화의 집터에서는 출토된 예가 드물기 때문에 봉산 신흥동 집터의 청동단추와 아울러 주목되는 유물이다(사진 4-25).

이 유적을 통해서 서북지역 청동기문화의 한 특징인 팽이토기와 변형 팽이토기가 함께 나온다는 사실이 처음으로 밝혀졌다. 그 때문에 일찍부터 관심을 끌어 왔는데, 그 시기는 기원전 2천년기 후반에 속한다.

  * 김용간, 《금탄리 원시유적 발굴보고》(유적발굴보고 제10집), 1964.

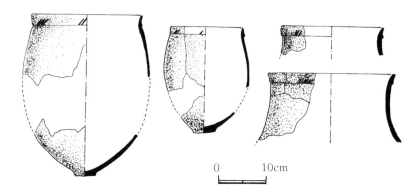

그림 4-10. 금탄리 출토 팽이형 토기

사진 4-25. 금탄리 출토 청동끌

13) 평양 립석리유적

　평양시 승호구역 립석리의 남강 옆에 있는 이 유적은 1962년에 2기의 집터가 발굴조사되었다.

　평면이 긴 네모꼴인 1호(남쪽)와 2호(북쪽) 집터는 반움집으로, 길이의 방향이 동서쪽이며 바닥은 찰흙을 깔고 다졌다. 기둥구멍이나 주춧돌은 발견되지 않았고 이들 집터의 움벽 가장자리에는 불에 탄 기둥이 남아 있어서 움 바닥에 그대로 기둥을 세웠던 것으로 보고 있다. 특히 1호 집터의 바닥 곳곳에는 숯이 널리 깔려 있어서 불에 탄 지붕이 내려앉았던 것으로 해석된다.

　화덕은 한쪽으로 치우쳐 있으면서 집 가운데에 막돌의 모룻돌이 있고 그 언저리에 돌돈 등 많은 돌조각이 널려 있어서 석기 제작을 하였던 작업 장소로 여겨진다.

　유물은 2호 집터에서 많이 발견되었는데 석기로는 여러 가지의 화살촉·자귀·끌·달도끼·간돌검이, 토기로는 긴 목을 가지거나 겹입술의 단지모양 변형 팽이토기가 출토되었고, 이 밖에 불에 탄 삼끈·뼈송곳·사슴뿔 등이 나왔다(그림 4-11).

　기원전 1천년기 전반에 속하는 이 집터는 팽이토기의 변화과정을 보여주는 서북지역의 대표적인 유적이다.

　＊ 리원근·백룡규, 〈평양시 승호구역 립석리 원시유적 발굴간략보고〉, 《문화유산》 62-4, 1964.

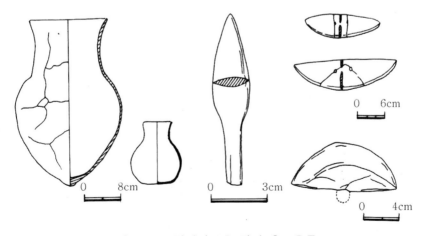

그림 4-11. 립석리 2호 집터 출토유물

14) 송림 석탄리유적

이 유적은 황해 송림시 석탄리의 시우지골에 위치하며, 고고학 및 민속학연구소에서 4차에 걸쳐 발굴조사를 하였다.

발굴조사 결과, 모래질의 표토층 바로 밑에서 상당히 두터운 문화층이 발견되었으며, 유적의 범위는 10만㎡나 되는 넓은 곳으로서 100여 기의 집터와 2기의 돌널무덤이 조사되었다.

발굴조사된 집터는 집의 짜임새와 집을 세운 방법에 따라 크게 3가지 유형으로 구분하여 볼 수 있다.

첫째 유형은 모두 21기이며, 집터의 바닥과 4벽의 가장자리에 기둥구멍이 확인되지 않았다. 집터의 평면 생김새는 모두 긴 네모꼴이며 벽체는 조사에서 드러난 숯으로 봐서 촘촘히 나무를 세웠던 것 같고, 움 깊이는 평균 30cm쯤 되어 반움집이었던 것으로 보인다. 집 크기는 작은 것이 13.5㎡, 큰 집터는 55㎡이고, 바닥은 찰흙을 편 다음 불에 구워서 단단하였으며, 화덕자리는 집마다 1기씩 있었다(그림 4-12).

첫째 유형에 속하는 집터의 자리한 모습을 보면 대체로 3기씩 떼를 이루어 한곳에 있는 일정한 정형이 드러나 주목되는데, 이것은 당시 사람들이 세대 공동체를 이루면서 살림을 꾸렸기 때문인 것으로 보이며, 범의구석 2기층·공귀리유적의 집터들과 비교된다.

둘째 유형의 집터는 9기가 발견되었는데 집 바닥의 가운데에 한 줄의 큰 기둥구멍이 있는 것이 많다. 집의 짜임새에서는 평면 생김새·바닥·화덕자리 등에서 첫째 유형과 비슷한 점이 많이 눈에 띄고 있으며, 벽 가장자리에는 기둥구멍이 있는 것과 없는 것이 섞여 있다. 움의 깊이는 50cm 안팎으로 반움집이며 불에 탄 집이 많다.

셋째 유형 집터의 특징은 움 바닥에 기둥구멍이 3줄로 나타나고, 기둥이 움벽에서 완전히 분리되며, 집터의 바닥이 높고 낮은 두 부분으로 나뉘는 점이다. 그리고 2기의 화덕자리가 한 집안에 있다. 이 유형의 집터는 2기가 발견되었는데, 앞의 유형보다 집의 크기(31호 45㎡, 32호 50.4㎡)가 훨씬 큰 점이 돋보인다.

석탄리유적의 집터에서 나온 유물 가운데 팽이토기와 반달돌칼·턱자귀·간돌검은 모든 유형에서 볼 수 있는 것이며, 그 밖에 돌끌·화살촉·별도끼·달도

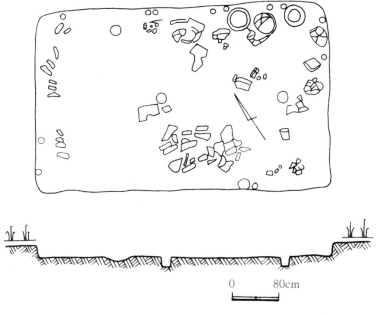

0   80cm

그림 4-12.   석탄리 집터(2호)

끼·치레걸이로 쓴 흙구슬 등이 있다(사진 4-26). 이 가운데 별도끼는 가지가 18가닥이나 되어 당시의 매우 세련된 석기 가공술을 보여주고 있다.

팽이토기는 입술이 외겹이거나 띠를 붙인 겹입술이 섞여 있고, 겹입술에 바닥이 아주 좁은 전형과 기다란 목이 달린 변형이 모두 출토되었다. 토기의 생김새와 집터의 유형을 보면 첫째 유형에서는 겹입술이 많지만 둘째·셋째 유형에서는 겹입술이 적다. 그러나 셋째 유형에서는 겹입술이 적은 대신 민무늬가 많아서 주목된다. 그리고 39호 집터에서는 탄화된 좁쌀과 팥 낟알이 발견되었다.

석탄리유적의 집터는 청동기시대 우리나라 서북지역의 특징인 팽이토기문화를 만든 사람들의 대표적인 살림터이며, 대단위 마을이 조사되어 당시 사회의 취락을 이해하는 데 아주 중요한 유적이다.

제1호 돌널무덤은 9호 집터의 동남쪽에 있으며, 동서방향으로 자리하고 있었다. 청회색의 판돌 4개를 짜맞춘 돌널의 크기는 110×45cm로 비교적 작았고, 바닥은 큰 판돌 2개를 10cm쯤 높게 깔아 들림바닥이 되게 하였다. 껴묻거리는 아무 것도 없었다.

사진 4-26. 석탄리 출토 흙구슬과 팽이형 토기

석탄리유적에서 발견된 돌널무덤은 서북지역의 팽이토기문화를 만든 사람들의 무덤을 이해하는 데 도움이 된다. 한편 이 유적은 기원전 1천년기 초반에 이루어진 것으로 해석된다.

＊ 리기련, 《석탄리 원시유적 발굴보고》(유적발굴보고 제12집), 1980.

15) 봉산 지탑리유적

이 유적은 황해 봉산군 지탑리의 서흥천 옆 대지 위에 자리한다. I지구와 II지구로 나뉘는데 I지구에서는 청동기시대의 문화층이, II지구에서는 같은 시대의 집터 1기가 발견되었다.

I지구의 청동기 문화층은 신석기시대와 고대 문화층 사이에서 조사되었으며, 팽이토기를 비롯하여 화살촉·간돌검·반달돌칼 등이 발견되었다.

II지구의 집터는 길이의 방향이 남북쪽으로, 크기가 560×400cm 되는 긴 네모꼴의 움집이다. 집터의 바닥은 찰흙을 얇게 바르고 불에 구웠는데, 이러한 양상은 팽이토기 문화유형의 집터에서 보편적으로 보이는 모습이다. 집터의 곳곳에서는 불에 탄 굵은 나무토막이 발견되고 있어서 집이 불에 탔던 것으로 추정된다.

출토 유물은 팽이토기를 비롯하여 돌도끼·별도끼·돌돈 등이 있다(사진 4-27).

지탑리유적의 발굴조사는 신석기문화와 청동기문화의 차이를 밝히는 계기가 되었으며, 청동기시대의 연대 설정에도 하나의 기준을 제시하였다. 아울러 이 유적은 팽이토기 문화유형이 큰돌문화 시기에 형성된 것임을 밝혀주는 계기가 되었으며, 시기는 기원전 2천년기에 속한다.

＊ 고고학 및 민속학연구소, 《지탑리 원시유적 발굴보고》(유적발굴보고 제8집), 1961.

16) 봉산 신흥동유적

황해 봉산군 봉산읍 신흥동에 위치한 이 유적은 봉산벌과 휴류산이 맞닿는 비탈에 있다.

7기의 집터가 발굴되었는데, 유적이 경사진 비탈이어서 파괴가 많이 되었다. 집터는 서로 30m쯤 거리를 두고 있으며, 긴 네모꼴로 움이 얕은 반움집이다.

사진 4-27. 지탑리 출토 팽이형 토기와 돌도끼

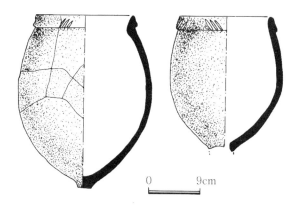

0   9cm

그림 4-13. 신흥동 출토 팽이형 토기

출입문은 유적의 지세에 따라 동쪽에 있고, 바닥은 찰흙을 깔았거나 그냥 맨땅
인 2가지가 섞여 있다.

　출토 유물은 팽이토기를 비롯하여(그림 4-13) 돌도끼·돌돈·달도끼 등의 석기

사진 4-28. 석교리 1호 집터 토기 출토 모습

와 7호 집터에서 나온 원판형으로 된 청동단추 등이 있다. 석기는 상당히 정교하게 만들어졌으며, 돌도끼에 참나무로 된 자루가 붙어 있는 것이 발견되어 주목된다. 또한 3호 집터에서는 불에 탄 노끈이 나와서 당시 사람들이 사용하던 그물이 아닌가 짐작된다.

기원전 1천년기 전반에 속하는 이 유적은 서북지역 청동기시대의 대표적인 팽이토기 집터의 하나이며, 청동유물이 집터에서 출토되어 주목된다.

* 서국태, 〈신흥동 팽이그릇 집자리〉, 《고고민속》 64-3, 1964.

17) 룡연 석교리유적

황해 룡연군 석교리의 매지소 기슭에 있는 이 유적에서는 청동기시대 집터 4기가 발굴되었다.

집터는 표토 밑 25~30cm에서 윤곽이 나타나고 바로 바닥이 드러나 움집이 아닌 지상가옥이었던 것으로 여겨진다. 집터의 평면 생김새는 네모꼴과 긴 네모꼴의 2가지가 섞여 있으며, 바닥은 찰흙을 다지고 구웠다. 그리고 화덕자리나 기둥구멍은 보이지 않았는데, 기둥은 집 바닥 위에 그대로 세웠던 것 같다. 이

곳의 집터는 모두 불에 탄 것으로 밝혀졌으며, 1호 집터의 바닥에는 검은 재층이 두껍게 쌓여 있었고, 그 재층에는 불탄 기둥들이 섞여 있었다(사진 4-28).

집터에서 발견된 유물에는 토기가 많고 석기가 적은 편인데, 특히 1호 집터에서는 10여 개체의 팽이토기가 나왔다. 석기로는 간돌검·턱자귀·대패날·가락바퀴 등이 발견되었다.

기원전 2천년기에 속하는 석교리 집터는 장산곶 일대의 팽이토기 관련 유적을 연구하는 데 중심이 되며, 서북지역의 다른 유적과 비슷한 점이 많다. 그리고 황주 침촌리유적처럼 팽이토기 문화유형의 집터와 개석식(침촌형) 고인돌이 한곳에서 나오기 때문에 서로 밀접한 관계가 있는 것으로 밝혀졌다. 이러한 점에서 앞으로의 연구를 기대해볼 만하다.

* 황기덕, 〈황해남도 룡연군 석교리 원시유적 발굴보고〉, 《고고학자료집》 3, 1962.

18) 금야유적

이 유적은 함남 금야군 금야읍의 룡흥강(금야강) 기슭에 위치한다.

10여 기의 집터가 발굴되었는데 평면 생김새는 모두 긴 네모꼴이고 움의 깊이는 20~30cm로 얕은 편이며 기둥은 바닥 위에 세워 놓았던 것 같다. 화덕은 2호와 10호에서만 찾아졌고 토기조각만 나온 6호와 8호 집터의 크기는 5~9m^{2}밖에 되지 않아 창고였던 것으로 해석된다.

출토 유물은 간돌검·반달돌칼·화살촉 등의 석기와 토기 그리고 흙으로 만든 가락바퀴가 있다. 토기는 구멍무늬토기, 검은 간토기인데 공귀리 출토 토기와 비슷한 구멍무늬 토기에는 꼭지 손잡이가 달려 있다. 한편 집터의 옆에서는 비파형 창끝과 청동 방울의 거푸집이 찾아져 청동기의 주조가 활발하였던 것 같다(사진 4-29).

이 유적은 출토 유물로 보아 북청 중리·토성리유적, 함남의 동해안 지역 유적과 여러가지 점에서 비슷하며 기원전 1천년기 전반의 금야-토성리 문화유형에 속한다.

* 김용간·안영준, 〈함경남도,량강도 일대에서 새로 알려진 청동기 유물에 대한 고찰〉, 《조선고고연구》 86-1, 1986.

사진 4-29. 금야 출토 거푸집(청동방울과 창)

19) 영흥유적

이 유적은 함남 영흥군 영흥읍의 룡흥강 기슭에 위치하는데, 이곳에서 10기의 집터가 발굴되었다.

발굴조사 결과 집터 사이의 거리가 아주 가깝거나(2호와 3호 집터는 30cm 간격이다) 겹놓여 있는 것이 밝혀져서 일정한 기간에 걸쳐 집이 세워진 것으로 보고 있다. 10기의 집터는 불에 타지 않은 것(첫째 유형)과 불에 탄 것(둘째 유형)으로 나누어 볼 수 있다.

첫째 유형은 4기인데(2호, 6~8호), 모든 집터는 길이의 방향이 남북쪽이고, 평면 생김새는 8호만 네모꼴이고 나머지는 긴 네모꼴이다. 집의 크기는 7호가 17.5㎡로 가장 크고 나머지는 10㎡도 안 되어서 이 유형의 집터는 작은 집이었던 것 같다. 움 바닥은 찰흙을 깔았으며, 기둥구멍이나 주춧돌은 없었고 화덕은

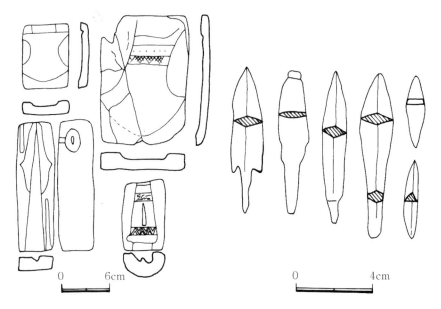

그림 4-14. 영흥 출토 거푸집과 화살촉

2호 집터에서만 발견되었다.

　둘째 유형은 6기인데 평면은 모두 긴 네모꼴이며 움의 깊이는 20~30cm 정도로 얕다. 집의 크기는 비교적 큰 편으로 29.4㎡(3호)부터 70㎡(10호)까지 다양하며, 모든 집터에는 첫째 유형처럼 기둥구멍이나 주춧돌이 없고 화덕은 10호에서만 확인되었다. 특히 10호에는 움 바닥에 삿자리 같은 것이 썩은 회색 빛깔의 재가 있어서 주목된다. 이 유형의 집터에는 모두 재와 숯이 두껍게 쌓여 있고, 움의 가장자리에는 기둥이 탄 나무가 그대로 남아 있으며, 긴 통나무가 서로 엇갈려 있어서 지붕이 내려앉았던 것 같다.

　출토 유물로는 미송리형에 속하는 것으로 보이는 많은 토기조각과 반달돌칼·대패날·화살촉 등이 있고, 또한 흑연 덩어리·불탄 짐승뼈·거푸집 조각도 발견되었다. 특히 집터 옆에서 나온 도끼·방울·창끝 등의 여러 가지 거푸집은 당시 사람들의 높은 청동 주조술을 이해하는 데 큰 도움이 된다(그림 4-14).

　이 유적은 이웃한 북청 중리유적과 같은 시기인 기원전 1천년기 전반에 이루어진 것 같다.

　　＊ 서국태, 〈영흥읍유적에 관한 보고〉, 《고고민속》 65-2, 1965.

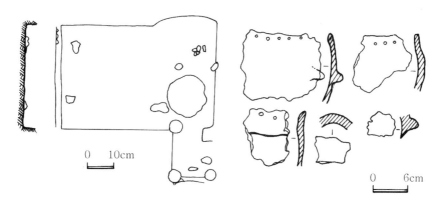

그림 4-15. 중리 집터(3호)와 출토 토기

20) 북청 중리유적

이 유적은 함남 북청군 북청읍 중리의 얕은 야산 기슭에 있으며, 3기의 집터가 발굴되었다.

평면 생김새가 긴 네모꼴인 3호 집터는 크기가 7.7㎡(3.5×2.2m)로 작은 편에 속하며, 바닥은 모래층 위에 찰흙을 10cm쯤 깔았다. 동쪽 벽의 북쪽 모서리에는 'ㄴ'자 모양으로 구부러진 곳이 있는데, 아마 출입구였던 것 같다. 그 옆에는 재가 많이 쌓인 화덕자리가 있다. 또한 움 바닥에는 주춧돌이 5개가 있어서 기둥을 세우는 방법이 앞 시기보다 발달하였음을 보여준다.

출토 유물로는 구멍무늬토기조각과 검은 토기를 비롯하여, 돌가락바퀴·화살촉·반달돌칼·간돌검 그리고 뼈송곳·흑요석 등이 있다(그림 4-15).

이 유적은 룡흥강 유역의 후기 청동기시대의 유적으로 기원전 1천년기 전반에 속한다.

* 안영준, 〈북청군 중리유적〉, 《고고민속》 66-2, 1966.

21) 북청 토성리유적

이 유적은 함북 북청군 토성리에 있으며 2기의 집터가 발굴되었다.

1호 집터(서쪽)는 크기가 540×460cm이며, 바닥에 지붕의 흔적이 남아 있고,

돌화살촉·흙가락바퀴·흙추 등이 발견되었다.

2호 집터(동쪽)는 900×600cm 크기로 길이의 방향이 남북쪽이다. 집터의 벽 가장자리를 따라 숯이 된 통나무가 보이며, 바닥의 곳곳에는 숯이 깔려 있다. 그리고 집터의 동남쪽에는 지붕을 덮었던 것으로 보이는 갈대가 숯이 된 채로 발견되었는데, 불이 나서 무너진 것으로 보고 있다.

2호 집터에서 발견된 토기로는 갈색 간토기와 검은 간토기가 있는데, 입술쪽에 구멍무늬와 손잡이가 있는 점이 특이하다. 석기로는 반달돌칼·간돌검·가락바퀴·대패날, 그리고 옥돌로 만든 구슬과 흑연 덩어리가 출토되었다. 또한 여러 가지의 청동유물도 출토되었다.

특히 청동유물은 집터의 서남쪽에 구덩이를 파고 천으로 싸서 묻어두었는데, 우리나라에서 처음으로 발견된 청동 토시 1쌍을 비롯하여, 버선코 모양의 날을 세우고 머리쪽에 5줄의 무늬가 있는 청동 도끼·청동 끌·청동 방울·청동 대롱구슬·원반형 청동기·청동 덩어리 등 20여점이 출토되었다. 청동 토시는 일종의 치레걸이로 보이며, 당시 사람들의 생활과 습속을 이해하는 데 도움이 된다(사진 4-30).

이 유적은 출토 유물의 석기와 토기로 봐서 부근의 금야유적을 비롯한 남대

사진 4-30. 토성리 출토 항아리(높이 39cm)와 천 조각

천과 허천강 유역의 청동기문화와 아주 비슷하여 금야-토성리 유형의 문화로 이름붙여졌으며, 청동유물은 발달된 동해안의 청동기문화를 이해하는 데 큰 도움이 된다.

한편 토성리유적은 기원전 1천년기 전반에 이루어진 것으로 여겨진다.

* 김용간·안영준, 〈함경남도,량강도 일대에서 새로 알려진 청동기시대 유물에 대한 고찰〉, 《조선고고연구》 86-1, 1986.

2. 무덤

1) 고인돌

(1) 김책 덕인리유적

함북 김책군 덕인리 전장부락에 있는 이 유적은 1959년 청진박물관에서 발굴하였다.

논 가운데의 평평한 지대에 위치한 이곳에는 모두 6기의 고인돌이 있었으며, 그 가운데 2기를 조사하였다.

탁자식 고인돌인 제1호와 제2호는 굄돌이 남쪽과 북쪽에 있으며, 막음돌이 모두 없어지거나 남쪽으로 기울어진 상태이다. 고인돌의 출토 유물은 막돌과 흙이 섞인 층과 강돌 층 사이에서 발견되었는데 제1호에서는 민무늬토기의 밑부분과 사람뼈가, 제2호에서는 돌도끼와 사람뼈가 출토되었다(그림 4-16).

이 유적은 마천령 이북의 함북지방에도 탁자식 고인돌이 있다는 사실을 알려주게 되었으며, 주변지역의 많은 후기 청동기유적과 관련이 있는 것으로 해석된다.

* 전수복, 〈함경북도 김책군 덕인리 《고인돌》 정리 간략보고〉, 《문화유산》 61-3, 1961.

(2) 개천 묵방리유적

평남 개천군 묵방리의 까치산 기슭에 있는 이 유적은 탁자식과 개석식 고인돌이 섞여 있으며, 1960년 고고학 및 민속학연구소에서 20여기를 발굴하였다.

마을 사람들이 '되무덤' 혹은 '대무덤'이라고 부르는 고인돌은 무덤방의 길이 방향에 따라서 남북쪽인 '제 I 부류'와 동서쪽인 '제 II 부류'로 크게 나뉜다. 이들 고

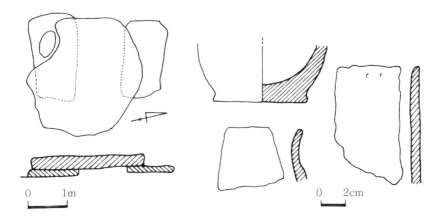

0 　 1m

0 　 2cm

그림 4-16. 덕인리 고인돌(1호)과 출토 토기

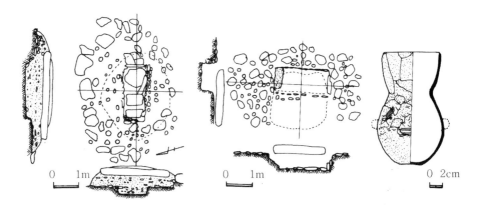

0 　 1m

0 　 1m

0 　 2cm

그림 4-17. 묵방리 고인돌(20·24호)과 묵방리형 토기

인돌에서는 얇은 판암을 쌓아서 무덤방을 만든 점, 무덤방과 덮개돌의 길이 방향이 같은 것이 공통적으로 발견된다.

제 I 부류(17·24·25호 등) 고인돌의 덮개돌(300~380cm)은 제 II 부류의 덮개돌(180~330cm)보다 크며, 무덤방의 짧은 벽인 마구리벽을 제 II 부류는 1매로 하였지만 제 I 부류는 여러 매로 쌓아 차이를 보이고 있다(그림 4-17).

또한 제 II 부류에서는 무덤방의 보강 시설을 할 때 돌을 쌓은 가장자리에 돌돌림[圍石]을 반드시 한 점이 돋보인다.

껴묻거리로는 반달돌칼·돌화살촉의 석기를 비롯하여 회색과 붉은 토기 등이

사진 4-31. 석천산 1호 고인돌

나왔다. 특히 24호 고인돌에서 나온 미송리형 토기인 검은 간토기는 고인돌에서
는 처음으로 나온 것이어서 주목되며, 이 유적의 연대를 이해하는 데 도움이 된
다. 이 밖에 20호에서는 팔뼈와 이 등 사람뼈가 나왔다.

한편 묵방리 고인돌은 짜임새로 볼 때 제Ⅰ부류에서 제Ⅱ부류로 발전한 것으
로 보인다.

* 김기웅, 〈평안남도 개천군 묵방리 고인돌 발굴 중간보고〉, 《각지유적정리보고》(고고학자료
  집 제3집), 1963.

(3) 룡강 석천산유적

이 유적은 평남 룡강군 석천산에 있으며, 그 언저리에는 탁자식과 개석식의
고인돌 수백 기가 떼를 이루고 있는데, 1958년 탁자식 2기를 발굴하였다.

제10호의 덮개돌은 350×230×50cm로 비교적 크며, 굄돌은 북쪽과 서쪽에 있
다. 무덤방의 크기는 130×80cm이고 대패날·화살촉·토기조각 등이 껴묻기되
었다(사진 4-31).

이 지역의 고인돌 가운데 가장 규모가 큰 제12호의 덮개돌은 400×280×
40cm이고 서쪽으로 조금 기울어져 있다. 무덤방의 크기는 170×150cm이며 껴

문거리로는 화살촉이 발견되었다.

이 유적은 북부지역에서 가장 전형적인 탁자식 고인돌이 있는 곳으로 알려져 있으며, 주변에는 채석장도 있어서 우리나라의 고인돌 문화를 복원·연구하는 데 매우 중요하다.

* 전주농, 〈평안남도 룡강군 석천산(石泉山) 동록의 고인돌〉, 《각지유적 정리보고》(고고학자료집 제3집), 1963.

(4) 강서 태성리유적

이 유적은 남포시 강서구역 태성리 한우물 마을에 위치하며, 유적이 있는 곳은 구릉지대로서 전망이 아주 좋다. 이곳에서는 고인돌과 돌널무덤, 그리고 석비례층을 50cm쯤 파고 지은 집터 1기가 발견되었다.

고인돌(제27호와 제28호 묘)은 2기가 발굴되었는데, 덮개돌은 화강암으로 크기가 각각 320×230×30cm, 500×350cm였다.

덮개돌 밑의 무덤방으로 여겨지는 곳에는 돌을 쌓아 놓았는데, 27호는 사다리꼴 모양으로 340×220×180cm의 크기이고, 28호는 세모꼴로 200×40cm의 크기이다. 고인돌에서 출토된 유물은 아무 것도 없다.

돌널무덤(제20호와 제21호 묘)은 화강암의 판돌을 이용하여 긴 네모꼴로 만들었는데, 1.5m의 거리를 두고 발견되었기 때문에 서로 깊은 관련이 있는 것으로 해석된다. 크기는 각각 160×57×50cm와 160×60×50cm쯤 되어서 바로 펴묻기를 했던 것 같으며, 길이의 방향은 동서쪽이다.

껴묻거리는 아무 것도 발견되지 않았으며, 층위로 봐서 앞의 고인돌과 같은 시기로 여겨진다.

집터는 평면이 긴 네모꼴로 크기는 710×610cm인 움집이다. 바닥은 작은 돌을 깔고 그 위에 찰흙을 다져서 매우 단단하다. 집터의 가장자리에는 지름 10～15cm 정도 되는 작은 기둥구멍이 촘촘히 있어서 말뚝을 세워 벽체를 만들었던 것 같다.

긴 표주박 모양을 한 화덕이 집 가운데에 놓여 있고 바로 옆에 지름이 40cm인 큰 기둥구멍이 하나 있는데, 이 집의 중심 기둥을 세웠던 곳으로 여겨진다.

한편 집터 바닥의 전면에 불탄 나무와 재가 깔려 있고 그 위에 10cm 두께의 불탄 찰흙이 덮여 있는데, 이러한 것은 오동 4호와 지탑리 1호 집터에서도 발견되고 있다. 이것은 지붕을 짚으로 잇고 그 위에 덮었던 흙이 불에 타서 무너진 것으로 해석된다.

집터에서는 팽이토기의 많은 조각과 돌도끼·대패날·반달돌칼 등의 석기가 출토되었다.

이 유적의 조사로 발굴 당시(1957년)까지 북부지역에는 탁자식만 있다는 기존의 보고 내용을 바꾸는 계기가 되었고, 대동강 유역에서도 이러한 개석식 고인돌이 조사됨으로써 인근의 석천산 등지에 떼를 지어 있는 탁자식 고인돌과의 관련성 등에 대한 문제점을 제기하게 되었다. 한편 이 유적은 기원전 2천년기에 속하는 것으로 여겨진다.

  * 채희국,《태성리 고분군 발굴보고》(유적발굴보고 제5집), 1958.

(5) 황주 심촌리(침촌리)유적

이 유적은 황해 황주군 심촌리 정방산의 구릉지대에 있으며, 1958~1959년의 발굴조사에서 많은 고인돌과 집터가 발견되었다.

정방산의 서북쪽 기슭과 구릉에는 고인돌이 수 기 또는 수십 기씩 떼를 지어 있는데, 유적 곁에는 고인돌을 만들던 돌을 가져온 채석장도 있다.

이곳에는 탁자식과 개석식 고인돌이 섞여 있는데, 긴동·천진동·극성동·신대동 등에서 40여 기가 발굴되었다.

① 긴동 고인돌

이곳에는 8기의 고인돌이 한 줄로 놓여 있으며, 탁자식이 1기(1호) 있고 나머지는 개석식 고인돌('침촌형')이다. 개석식 고인돌 가운데 4기(3~6호)는 돌무지로 만든 11×3~4m 범위의 한 묘역 안에 붙어 있으며, 무덤방은 얇은 판석으로 만든 작은 돌널이다.

이처럼 한 묘역 안의 비교적 가까운 거리에 고인돌의 무덤방이 서로 연결되어 있는 것으로 봐서 가족무덤으로 해석된다.

껴묻거리로는 간돌검·화살촉·턱자귀 등이 나왔다.

② 천진동 고인돌

6기의 고인돌이 2지역으로 나뉘어 있는데, 북쪽 지역의 3기(1~3호)는 동서방

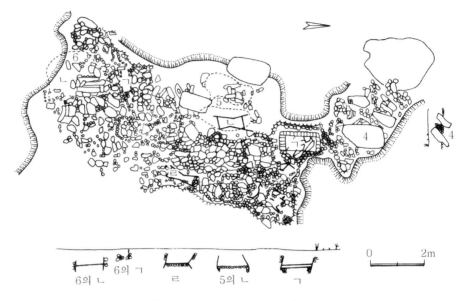

그림 4-18. 천진동 고인돌 분포도

향으로 자리하며 무덤방은 두터운 판석을 세워 만들었다. 또한 3기(4~6호)의 고인돌이 있는 14.4×6m 크기의 한 묘역 안에서는 4기의 돌널이 발견되어서 묻힌 사람이 서로 가까운 친연관계에 있는 것으로 보인다(그림 4-18).

껴묻거리로는 간돌검·화살촉·팽이토기조각·대롱구슬 등이 나왔다.

③ 극성동 고인돌

정방산 서쪽 기슭에 있는 이곳에는 2백여 기의 고인돌이 있으며, 이 가운데 13기가 발굴조사되었다.

긴동이나 천진동 고인돌처럼 25×10~12m 되는 범위의 돌무지 안에 6기의 고인돌(6~11호)이 서로 잇대어 하나의 묘역을 이루고 있다. 무덤방은 얇은 판석을 가지고 만들었으며, 바닥에는 잔 자갈과 흙을 섞어 깔아놓았다.

껴묻거리로는 반달돌칼과 가락바퀴·화살촉 등이 나왔다(그림 4-19).

④ 신대동 고인돌

이곳에는 14기의 고인돌이 있으며, 8기가 발굴조사되었다. 모두 개석식 고인돌

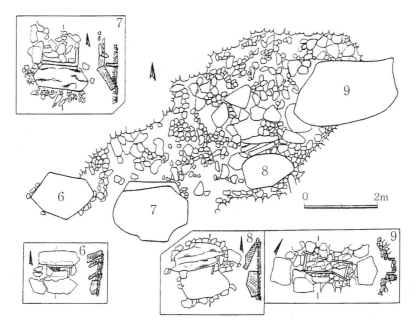

그림 4-19. 극성동 고인돌 분포도

이며, 덮개돌 밑의 무덤방 둘레는 돌무지를 이루고 있다.

3기(2~4호)의 고인돌은 무덤방 곁의 돌무지가 서로 연결되어 있고 얇은 편암의 판석으로 만든 무덤방에는 돌돈과 돌화살촉이 껴묻기되었다.

한편 고인돌을 만든 사람들이 산 집터는 심촌중학교 옆과 천진동에서 4기가 발굴조사되었는데, 평면 생김새는 모두 긴 네모꼴이고 크기는 20~24㎡쯤 된다. 움 깊이는 10cm밖에 되지 않아서 지상가옥으로 보고 있으며, 바닥은 찰흙을 깔아 다져놓았는데, 모두 불에 탄 집이다. 1호 집터에는 벽 가장자리의 구덩이에 불 탄 통나무가 박혀 있어서 이것이 기둥의 역할을 했던 것으로 여겨진다.

집터에서는 도끼·끌·반달돌칼 등의 석기와 팽이토기가 발견되었다.

이 유적의 발굴조사 결과, 팽이토기를 만든 사람들의 무덤은 고인돌이라는 사실이 밝혀졌으며, 기원전 2천년기 후반에서 기원전 1천년기 초반에 이르는 비교적 오랜 기간에 걸쳐 이루어진 것 같다.

* 황기덕·리원근, 〈황주군 심촌리 청동기시대 유적 발굴보고〉, 《고고민속》 66-3, 1966.

사진 4-32. 오덕리 고인돌유적 전경

⑹ 연탄 오덕리유적

이 유적은 황해 연탄군 오덕리에 있으며 1971년 고고학연구소에서 발굴조사하였다. 이곳의 황주천 유역과 그 샛강인 큰개 그리고 정방산 일대에는 탁자식('오덕형')을 비롯한 여러 형식의 고인돌이 많으며, 송신동을 중심으로 평촌·석장골 마을에 떼를 이루고 있다(사진 4-32).

한편 오덕리 고인돌은 짜임새에 따라 크게 4가지로 나누어지는데, '첫째 류형'은 돌무지로 된 묘역시설이 있는 것이고, '둘째 류형'은 무덤방의 4벽이 막힌 고인돌 중에서 주위에 돌무지나 흙무지로 보강한 형식이다. 그리고 '셋째 류형'은 굄돌의 가장자리를 둥글게 잘 다듬고 무덤방 바닥에 강돌이나 판돌을 깐 것이며, '넷째 류형'은 굄돌과 덮개돌을 네모지게 잘 다듬고 무덤방 한쪽에 문이 있는 형식이다.

① 평촌 고인돌

큰 개 옆의 낮은 구릉지대에 있는 이곳에서는 4개 지역에 걸쳐 51기의 고인돌이 발견되었으며, 이중 4기를 발굴하였다. 부근에는 돌을 가져왔던 채석장이 조사되어 주목된다.

이곳에는 '첫째·둘째·셋째 류형'의 고인돌이 섞여 있는데, 첫째 유형은 여기에서만 나타난다.

한 묘역 안에 있는 3기의 고인돌 중 가운데에 위치한 첫째 유형의 제10호는

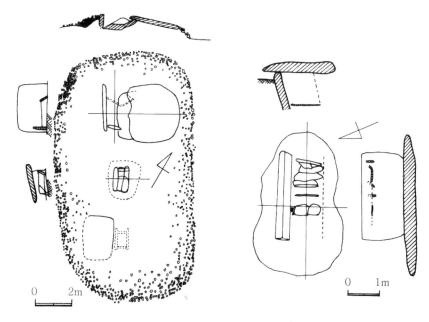

그림 4-20. 평촌(10·11호)과 석장골(2호) 고인돌

덮개돌의 크기가 230×180×30cm이며 손질을 많이 하지 않았고 무덤방은 85×
60cm로 작은 편이다. 껴묻거리로는 팽이토기조각과 화살촉, 그리고 돌무지에서
돌도끼가 나왔는데, 이는 심촌리의 긴동고인돌과 비교된다(그림 4-20).

② 석장골 고인돌

이곳은 강가의 양지바른 구릉지대에 분포하고 있으며, 둘째 유형의 2기가 발
굴조사되었다.

제2호 고인돌의 길이의 방향은 옆의 냇물 흐름과 나란한 동서쪽이며, 크기가
160×100cm인 무덤방은 판돌로 3개의 칸을 만들어 놓았는데, 껴묻거리는 없었
고 서쪽 칸에서 사람뼈가 출토되었다.

③ 송신동 고인돌

'둘째·셋째·넷째 류형'의 고인돌이 3개 지점에 분포하며, 41기 가운데 12기
를 발굴하였다. 다른 곳에 비하여 규모가 크고 껴묻거리도 많은 편이며, 특히
103지점의 고인돌유적 한가운데에 돌돌림유적이 있어서 주목된다.

　제31호는 '둘째 류형'으로 무덤방 안에 4칸의 칸막이 시설이 되어 있고, 바닥에는 판판한 돌을 깔았으며, 사람뼈가 발견된 것을 비롯하여 돌화살촉·간돌검·뼈구슬묶음·팽이토기 조각이 출토되었다.

　'넷째 류형'인 제1호 고인돌은 덮개돌의 크기가 830×630×50cm이고 무덤방은 300×200×250cm로, 지금까지 우리나라에서 발견된 고인돌 가운데 가장 크다. 무덤방의 바닥은 찰흙인 맨땅이며, 서쪽 벽은 일부만 막고 나머지는 드나들 수 있는 문 시설이 있어서 주목되었다.

　한편 제22호 고인돌에서 조개껍질과 골뱅이가 발견되어 고인돌사회의 묻기에 관한 풍습을 이해하는 데 도움이 된다.

　1지점에서 발굴된 돌돌림유적의 크기는 12.2×8.5m인데, 길이 130cm쯤 되는 큰 바위를 땅위에 돌려놓아 둥근 모습이 되게 하였고, 가운데 바닥에는 30~40cm 정도 되는 강돌을 깔아놓았다.

　오덕리 고인돌유적은 여러 가지 형식의 고인돌이 한곳에 있어서 서로 변화·발전해가는 과정을 이해하는 데 도움이 되며, 유적 바로 옆에 채석장이 있고 한 묘역 안에 여러 기의 고인돌이 있는 점, 그리고 고인돌과 관계 있는 돌돌림유적이 있는 점 등으로 인해서 우리나라 고인돌유적 가운데 중요한 위치를 차지한다.

　이 유적은 기원전 2천년기 후반부터 오랜 시기에 걸쳐서 만들어진 것 같다.

　　＊ 석광준, 〈오덕리 고인돌 발굴보고〉, 《고고학자료집》 4, 1974.

(7) 은천 약사동유적

　황해 은천군 덕양리 약사동에 있는 이 유적에서는 탁자식 고인돌 1기가 발굴되었는데, 덮개돌은 없고 남쪽의 굄돌과 막음돌이 일부 남아 있다.

　무덤방을 만든 과정을 보면 남쪽과 북쪽에 굄돌을 세우고 그 사이에 막음돌을 끼웠으며, 굄돌이 밖으로 밀리지 않도록 40×50cm 크기의 버팀돌을 놓았다. 무덤방의 크기는 185×100cm이며, 바닥에는 1cm쯤 숯을 깔고 위에 강돌을 놓은 다음 판돌을 깔았다.

　껴묻거리로는 청동화살촉을 비롯하여 돌도끼, 20여 점의 돌화살촉 등이 나왔다(사진 4-33).

　약사동 고인돌은 만든 수법이 매우 정교하며 청동화살촉이 나오는 것으로 봐서 기원전 1천년기 전반에 해당하는 것으로 해석된다.

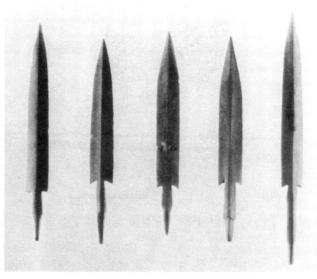

사진 4-33. 약사동 출토 청동화살촉과 돌화살촉

* 라명관, 〈약사동 고인돌 발굴보고〉, 《조선고고연구》 88-2, 1988.

(8) 사리원 광성동유적

황해 사리원시 광성동의 정방산 남쪽과 발양산 북쪽 기슭에 개석식고인돌이 있는 이 유적은 1986년 고고학연구소에서 발굴하였다.

'성문 1지점'에서는 6기가 발굴되었는데, 5기(제1호~제5호)는 하나의 묘역을 이룬 17×10m 범위의 돌무지 속에 있어서 서로 밀접한 관계가 있는 것 같다. 무덤방은 모두 얇은 청석 판석으로 만든 돌널이며, 제2호는 유일하게 굄돌이 드러나 있다(그림 4-21).

한편 제4호에서는 불에 탄 2사람의 뼈가 발견되어 주목되는데 어울무덤의 성격을 지닌 것 같고, 제5호에서도 불에 탄 사람뼈가 발견되었다. 청동 꾸미개를

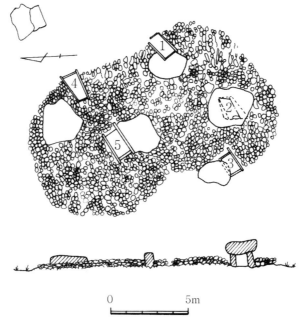

그림 4-21. 광성동 성문 1지점 고인돌 분포도

비롯하여 돌화살촉·간돌검 그리고 팽이토기 조각이 껴묻기되어 있다.

'성문 2지점'은 1지점에서 100m쯤 떨어져 있으며, 5기의 고인돌이 동북-서남쪽으로 줄을 지어 있다. 제4호와 제5호는 한 돌무지 안에 있는데, 이곳의 고인돌에서는 간돌검과 청옥의 대롱구슬 그리고 팽이토기 조각이 발견되었다.

이 유적은 돌무지로 된 한 묘역 안에 여러 기의 고인돌이 있는데, 개석식 고인돌에서 청동기가 나와 주목되며, 기원전 2천년기 후반에 해당하는 것으로 해석된다.

* 김동일, 〈사리원시 광성동 고인돌 발굴에 대하여〉, 《조선고고연구》 88-4, 1988.

(9) 안악 로암리유적

황남 안악군 로암리 화평마을의 남쪽에 위치하며, 탁자식 고인돌 1기가 발굴되었다.

덮개돌은 778×572×70cm로 북부지역에서 조사된 탁자식 고인돌 가운데 상당히 큰 편에 속한다(사진 4-34).

사진 4-34. 로암리 고인돌 전경

굄돌과 마구리돌이 맞물리는 곳에는 홈이 파여 있어서 주목되는데, 이것은 고인돌의 축조 과정에 대한 것으로 고창 도산리와 중국 요령성의 해성 석목성 고인돌에서도 조사되었다.

고인돌의 축조 과정을 보면, 먼저 기초 홈을 파고 굄돌과 마구리돌을 세운 다음 틈 사이에 돌을 쌓아 쐐기의 역할을 하게 하여 튼튼하게 만들었는데, 이런 것이 강동 문흥리 3호 고인돌에서도 조사되었다.

껴묻거리로는 돌끌·돌화살촉·돌가락바퀴 등의 석기와 팽이형 토기의 밑과 몸통 조각, 변형 팽이형 토기 밑부분이 발견되었다.

이 로암리 고인돌은 크기와 축조 방법에서 볼 때 상당히 발달된 탁자식 고인돌의 한 유형으로 여겨지며, 굄돌에 홈을 판 점, 보강 시설의 일종인 쐐기돌, 마구리돌 옆의 넙적한 돌 등은 요동반도의 해성 석목성 고인돌과 비슷한 점이 많아 서로 비교된다.

* 석광준, 〈로암리 고인돌에 대하여〉, 《조선고고연구》 93-1, 1993.

(10) 은율 관산리유적

황남 은율 관산리에 있는 이 고인돌은 양쪽에 험준한 산마루가 있고, 앞에는 서해가 한눈에 보이는 조망이 매우 좋은 해발 80m의 산마루에 위치한다(사진 4-35).

사진 4-35. 관산리 고인돌 전경

고인돌이 위치한 곳(3.5m 범위)은 그 주변보다 높게(약 65cm쯤) 흙을 돋우어 단을 이루고 있어서 주목되는데, 이런 것은 강동 문흥리 2호 고인돌에서도 발견된다.

덮개돌은 긴 네모꼴이며, 크기가 875×450×31cm로서 상당히 큰 편이다. 무덤방을 이룬 굄돌과 마구리돌은 안정감을 위하여 약간 안기울임을 하고 있다.

관산리 고인돌은 규모나 축조 방법 그리고 위치한 곳의 지세로 봐서 축조 기술이 상당히 발전된 단계에서 세워졌던 것 같다.

* 석광준, 〈우리나라 서북지방 고인돌에 관한 연구〉, 《고고민속론문집》 7, 1979.

(11) 상원 귀일리유적

이 유적은 평양시 상원군 귀일리의 하무산 동쪽 기슭에 있으며, 4기의 고인돌이 10~15m 간격으로 분포한다.

탁자식 고인돌인 2호는 주위 1~2m의 범위에 돌을 깔아 묘역이 구획되어 있다. 석회암을 돌감으로 한 덮개돌은 타원형이며 북쪽 마구리돌은 양쪽 굄돌의 끝과 맞물려 있지만, 남쪽 것은 사이에 끼여 있어서 나들이 문 역할을 했던 것 같다.

무덤방은 4개로 칸을 구획지어 놓았는데, 이처럼 무덤방을 여러 칸으로 구획

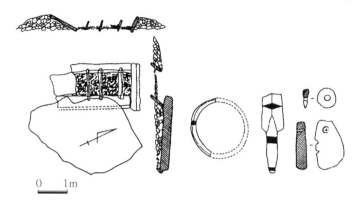

그림 4-22. 귀일리 고인돌과 출토유물

지어 놓은 것은 연탄 평촌 9호, 석장골 1호, 송신동 고인돌에서도 조사되기 때문에 이런 것이 서북한지역의 탁자식 고인돌에서 보편적으로 나타나는 하나의 양식으로 여겨진다.

2칸에서는 1개체의 사람뼈와 여러 가지 껴묻거리가 발견되었다. 껴묻거리로는 흰색의 둥근구슬을 비롯하여 조개 껍질로 만든 팔찌·푸른 색의 곱은 옥·화살촉과 토기조각 등이 나왔다(그림 4-22).

   * 차달만, 〈상원군 귀일리 2호 고인돌 무덤에 대하여〉, 《조선고고연구》 96-3, 1996.

2) 돌널무덤

(1) 북창 대평리유적

평남 북창군 대평리의 대동강가 삼각주 지대에 있는 이 유적은 고고학연구소에서 1967년에 발굴조사하여 돌널무덤·고인돌·집터를 찾았다(그림 4-23).

돌널무덤은 제1지점에서 6기가 조사되었는데, 짜임새는 바닥 시설에 조금씩 차이가 있을 뿐 대체적으로 비슷하다. 만든 과정을 보면, 먼저 긴 벽에 판석을 세우고 그 사이에 다시 작은 판석을 끼운 다음 바닥에 판석이나 자갈돌을 깔았다. 특히 제8호는 바닥에 판석을 깐 다음 다시 자갈돌을 깔아서 주목된다.

돌널의 길이는 긴 것도 있지만(제4호의 경우 185cm이다) 대체로 짧기 때문에(90~142cm) 굽혀묻기를 했던 것 같으며 뚜껑돌은 매우 크다.

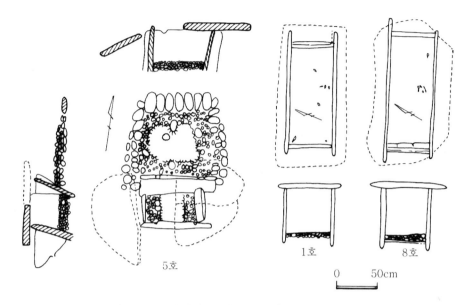

5호

1호   8호

0   50cm

그림 4-23. 대평리 고인돌(5호)과 돌널무덤(1·8호)

껴묻거리로는 간돌검, 돌화살촉 그리고 여러 가지의 많은 구슬과 미송리형 토기조각 등이 나왔으며, 제4호에서는 사람뼈 조각이 발견되었다.

개석식고인돌은 제1지점에서 2기가 발굴되었는데, 무덤방 주위에 강돌을 깔아서 묘역 시설을 해놓았다. 껴묻거리로는 반달돌칼·대롱구슬·팽이토기·미송리형 토기조각 등이 나왔다.

집터는 제1지점에서 22기가 발굴되었지만 대부분 파괴되어 짜임새를 파악하기가 어렵다. 그러나 출토유물은 비교적 많은 편이다.

집터에서는 간돌검·돌창·돌작살·대패날·달도끼 등의 석기, 그리고 치레걸이와 팽이토기·미송리형 토기조각 등이 발견되었다.

이 유적은 서북지역의 팽이토기문화와 미송리형 토기문화의 경계 지역에 위치하고 있기 때문에 토기에서 점이적인 성격을 보여준다. 연대는 기원전 1천년기 전반으로 해석된다.

* 정찬영, 〈북창 대평리유적 발굴보고〉,《고고학자료집》4 ,1974.

⑵ 사리원 상매리유적
이 유적은 황해 사리원시 상매리에 위치하며, 4기의 돌널무덤이 조사되었다.

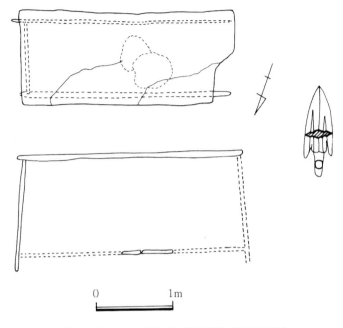

그림 4-24. 상매리 돌널무덤과 청동화살촉

이 가운데 1기의 돌널무덤을 살펴보면, 두께 3~4cm 정도 되는 점판암의 판돌로 긴 네모꼴의 무덤방을 만들었는데 크기는 136×42×58cm이다. 그리고 길이의 방향이 서북-동남쪽이며 바닥은 많은 손질을 하여 잘 다듬은 판돌을 7cm쯤 올려서 깐 들림바닥 형식이다(그림 4-24).

묻기는 무덤방의 구조와 묻힌 사람의 뼈로 봐서 옆으로 굽혀묻기한 것 같으며, 위팔뼈와 허벅지뼈의 작은 조각이 발견되었다.

출토 유물로는 청동화살촉을 비롯하여 돌화살촉, 구멍 뚫린 소라껍질로 만든 치레걸이 등이 있다. 특히 지금까지의 조사 결과 청동 화살촉이 돌널무덤에서 나오는 경우는 드물기 때문에 이 시기의 문화를 이해하는 데 도움이 되며, 이 지역의 돌널무덤 성격을 이해하는 데 중요하다(사진 4-36).

  * 도유호, 《조선원시고고학》, 1960.

(3) 린산 주암리유적

이곳은 황해 린산군 주암리 닭골의 예성강 지류인 루천 옆에 있으며, 1965년

사진 4-36. 상매리 출토 청동화살촉

조선력사박물관에서 돌널무덤·고인돌·집터를 발굴조사하였다.

돌널무덤은 길이의 방향이 동서쪽이고 서쪽 벽에는 또 다른 돌널이 겹놓여 있다.

두께가 3cm 되는 판석으로 돌널을 만들었으며, 바닥에도 얇은 판석을 깔았다. 돌널의 크기는 160×110cm이다. 껴묻거리로는 돌도끼와 여러 가지의 화살촉 30여 점이 나왔다.

고인돌은 길이의 방향이 동서쪽인 개석식이며, 무덤방 옆에는 돌을 쌓아 보강시설을 하였고 껴묻거리는 없었다.

긴 네모꼴의 반움집인 집터는 크기가 11×6m이며, 바닥에는 찰흙을 1cm쯤 깔아서 다졌고 집터 가운데에 화덕이 있다. 모서리와 벽 가장자리에는 기둥구멍이 1m 간격으로 있으며, 집터에서는 팽이토기와 달도끼·화살촉·반달돌칼·돌도끼 등 여러 가지가 출토되었다.

주암리유적은 예성강 유역의 팽이토기 문화 성격을 지닌 돌널유적으로 한 곳

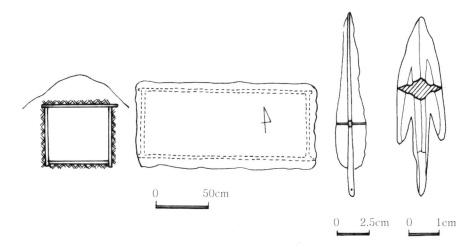

그림 4-25. 대아리 돌널무덤과 비파형동검·청동화살촉

에 여러 유구가 같이 있어 주목된다.

> * 백룡규, 〈린산군 주암리 원시유적 발굴간략보고〉, 《고고민속》 66-2, 1966.

(4) 배천 대아리유적

이 유적은 황해 배천군 대아리 써그네골에 위치하는데, 1967년 해주력사박물관에서 돌널무덤 1기를 발굴조사하였다.

편암의 판석으로 만든 돌널은 크기가 160×60cm의 긴 네모꼴이며, 바닥과 뚜껑돌은 벽을 이룬 것과 마찬가지로 1매의 판석이다.

껴묻거리로는 비파형동검과 청동화살촉을 비롯하여 10점의 돌화살촉, 대롱구슬 등이 나왔다. 비파형동검은 변형으로 아래쪽의 배 부분이 들어간 모습이고, 청동화살촉은 날개촉으로 상매리 돌널무덤에서 나온 것과 비슷하다(그림 4-25).

이 유적의 연대는 기원전 1천년기 전반으로 여겨진다.

> * 리규태, 〈각지 고대유적 조사보고 : 배천군 대아리 돌상자무덤〉, 《고고학자료집》 6, 1983.

이 밖에 북한에서 청동기가 출토된 유적과 청동기시대 유물이 출토된 지역을 정리하면 다음 표(표 4-1·표 4-2)와 같다.

번호	유적이름	위 치	유적성격	청동유물
1	회령 창효리유적	함북 회령군 창효리	움무덤	팔찌
2	회령 남산리유적	함북 회령군 남산리		대롱구슬
3	무산 범의구석유적	함북 무산군 범의구석	집터	청동 덩어리
4	라진 초도유적	함북 라진시 유현동	집터	방울,가락지,단추
5	북청 토성리유적	함북 북청군 토성리	집터	방울,끌,도끼,토시
6	금야유적	함남 금야군 금야읍	집터	거푸집(방울,창)
7	룡천 신암리유적	함북 룡천군 신암리	집터	단추,손칼
8	개천 용흥리유적	평남 개천군 용흥리		비파형동검
9	의주 미송리유적	평북 의주군 미송리	동굴	부채꼴 도끼
10	강계 풍룡리유적	자강 강계시 풍룡리	돌널무덤	단추
11	평양 금탄리유적	평양시 사동구역 금탄리	집터	끌
12	평양 서포동유적	평양시 형제산구역 서포동		비파형동검
13	평양 호남리유적	평양시 호남리 표대	집터	창
14	봉산 신흥동유적	황북 봉산군 봉산읍 신흥동	집터	단추
15	재령 고산리유적	황북 재령군 고산리 성황동	움무덤(?)	비파형동검, 도씨검
16	배천 홍현리유적	황남 배천군 홍현리	돌널무덤	화살촉
17	연안 부흥리유적	황남 연안군 부흥리		비파형동검
18	사리원 상매리유적	황북 사리원시 상매리	돌널무덤	화살촉
19	은천 약사동유적	황남 은천군 덕양리	고인돌	화살촉
20	배천 대아리유적	황남 배천군 대아리	돌널무덤	비파형동검, 화살촉
21	신평 선암리유적	황북 신평군 선암리	돌널무덤	비파형동검
22	개풍 해평리유적	개성시 개풍군 해평리	자갈밭	비파형동검

표 4-1. 청동기 출토유적

유적 이름	위 치	출토 유물	비고
평양 원암리유적	평양시 강남구 원암리	간돌검, 반달돌칼, 팽이토기 등	집터
평야 쉴바위유적	평양시 북구역 미림리 쉴바위	돌도끼, 달도끼, 뼈송곳, 팽이토기 등	
평양 서포동유적	평양시 형제산구역 서포동	비파형동검	
덕천 승리산유적	평남 덕천군 승리산	돌화살촉, 옥구슬, 미송리형 토기조각 등	
중화 강로리유적	평남 중화군 강로리	간돌검, 대패날, 팽이토기조각 등	
녕변 남등리유적	평북 녕변군 남등리	별도끼, 돌도끼, 턱자귀, 팽이토기조각 등	
동림 당모루유적	평북 동림군 인두리 당모루	돌도끼, 반달돌칼, 숫돌 등	
룡천 왕산유적	평북 룡천군 왕산	돌화살촉, 달도끼 등	
박천 룡흥리유적	평북 박천군 룡흥리	돌도끼, 돌화살촉, 팽이토기조각 등	
박천 맹하리유적	평북 박천군 맹하리	돌화살촉	
벽동 송련리유적	평북 벽동군 송련리	반달돌칼, 숫돌, 달도끼 등	집터
선천 원봉리유적	평북 선천군 원봉리	돌도끼, 간돌검, 토기조각 등	
염주 도봉리유적	평북 염주군 도봉리	토기조각	
염주 항봉리유적	평북 염주군 항봉리	토기조각	
정주 당터산유적	평북 정주군 석산리 당터산	돌화살촉, 돌창, 별도끼 등	

정주 석산리유적	평북 정주군 석산리	토기조각	
배천 홍현리유적	황남 배천군 홍현리 정촌	청동화살촉, 대롱구슬 등	돌널무덤
안악 복사리유적	황남 안악군 복사리		집터
연안 부흥리유적	황남 연안군 부흥리 금곡동	비파형동검, 돌도끼 등	
연안 장곡리유적	황남 연안군 장곡리	간돌검, 돌화살촉	돌널무덤
은천 이포도리유적	황남 은천군 이포도리	돌화살촉, 돌끌, 돌돈 등	
봉산 어수구유적	황북 봉산군 어수구	간돌검, 돌화살촉, 팽이토기 등	
신평 선암리유적	황북 신평군 선암리	비파형동검, 돌화살촉 등	돌널무덤
연산 공포리유적	황북 연산군 공포리	돌화살촉, 대롱구슬 등	고인돌
은파 묘송리유적	황북 은파군 묘송리	팽이토기조각 등	집터
황주 순천리유적	황남 황주군 순천리 상동	간돌검, 반달돌칼 등	돌널무덤
광천유적	함남 광천군 광천읍	돌화살촉, 돌도끼, 대패날	고인돌
덕성 월근대리유적	함남 덕성군 월근대리	반달돌칼, 돌화살촉, 검은 간토기 조각 등	집터
경원 봉산리유적	함북 경원군 봉산리	반달돌칼, 민무늬토기 등	
길주 문암리유적	함북 길주군 문암리	돌도끼	고인돌
길주 평륙리유적	함북 길주군 평륙리 영암촌	돌화살촉, 검은 간토기 등	집터
명천 만호리유적	함북 명천군 만호리	간돌검	
영안 광암리유적	함북 영안군 광암리	돌도끼, 곰배괭이, 붉은 간토기조각 등	
영안 화룡리유적	함북 영안군 화룡리	돌도끼, 대패날 등	
종성 동관리유적	함북 종성군 동관리	돌도끼, 흑요석 석기 등	
종성 삼봉리유적	함북 종성군 삼봉리	숫돌, 반달돌칼 등	
원산 증평리유적	강원 원산시 증평리	돌창, 간돌검, 달도끼 등	
갑산 금화리유적	량강 갑산군 금화리	돌도끼, 검은 간토기조각 등	
갑산 사평리유적	량강 갑산군 사평리	돌도끼, 반달돌칼 등	
풍서 신덕리류적	량강 풍서군 신덕리	반달돌칼, 검은 간토기조각 등	

표 4-2. 청동기시대 유물 출토 지역

III. 연구의 과제와 전망

　북한의 선사고고학에서 특히 청동기시대의 연구는 많은 발굴조사와 연구성과에 힘입어 큰 발전을 이룩하였다. 그러나 연구 경향을 보면 유물사관(唯物史觀)에 따라 대부분의 연구성과를 일정한 틀에 맞추고 있다.

　그렇기 때문에 여기에서는 지금까지 북한의 청동기시대 연구에서 나타난 문제점과 앞으로의 과제를 살펴보도록 하겠다.

　첫째, 청동기시대의 연대 설정에서 남한 학계와 너무 큰 차이를 보이고 있다는 점이 문제가 된다.

청동기시대의 시작을 북한에서는 기원전 2천년기 초반으로 보고 있는 데 비하여, 남한 고고학계에서는 여러 가지의 의견들이 있지만 대체로 기원전 2천년기 후반이나 기원전 1천년기 초반으로 해석하고 있어서 연대 차이의 폭이 너무 크다.

이렇게 연구 결과에서 큰 차이가 나는 것은 청동기시대를 이해하고 있는 바탕에서 비롯된다. 남한에서는 완성된 청동유물을 기준으로 연대를 설정하고 있고, 북한에서는 문화의 계승관계와 자체 발전과정을 강조한 문화 발전단계의 설정에 따라서 청동기문화의 시작을 보고 있기 때문이다.

이러한 연구 시각의 차이는 북한의 연구 방법이 재검토되고 남한지역에서 초기 청동기에 대한 새로운 자료가 발견되어 문화 전파에 따른 서로의 시간적인 차이가 고려된다면 앞으로 해결될 수 있을 것이다.

둘째, 북한의 청동기문화 연구에 나타나는 두드러진 점 가운데 하나는 문화의 지역성에 따른 '문화권 설정'이다.

북한에서는 유물(토기, 석기 등)과 유적(집터, 무덤)에서 드러나는 특징을 가지고 여러 문화권으로 구분하고 있다. 이러한 문화의 유형에 따른 지역 설정(문화권)은 앞 단계의 문화 성격에 대한 연구와 설명이 부족하고 그 이론적 배경이 너무 편협하여 많은 문제점을 지니고 있다.

예를 들면, 동해안의 청동기유적에서 중요한 청동유물이 출토되자 '금야-토성리 유형'으로 설정하고 있는데, 이러한 문화단계가 언제, 어떻게, 어떠한 과정을 거쳐서 이룩되었는지에 관한 설명이 없다는 사실이다.

이것은 북한 고고학계에서 가장 중요시하는 지역성과 계승성의 문제인데, 여러 가지의 이론에 따른 다양한 문화 해석이 이루어지면 지역과 시기에 관한 서로간의 문제가 밝혀질 것이다.

셋째, 청동기문화의 연구에서 과학적인 방법의 모색과 연속된 연구를 진행해야 한다는 점이다.

지금까지 북한 고고학 연구에서 청동기시대에 관한 과학적인 연구는 청동유물의 성분 분석과 연대 측정에 관한 것이다.

1960년대 중반에 이루어진 청동유물의 성분 분석은 당시의 연구 여건과 실정으로 볼 때 상당히 높은 수준이었지만, 그 이후 이러한 연구가 지속되지 못한 채 오늘에 이르고 있다.

또한 방사성탄소 연대측정은 1960년대에 무산 범의구석유적의 15호 집터에서 이루어진 이후 1980년대에 들어서 평양 남경유적의 36호 집터에서 실시한 것이 전부이다.

이처럼 북한 고고학계에서는 연구 방법에서 과학적인 것을 이용하고는 있지만, 그다지 활발하지 못한 것이 현실이다. 북한 고고학에서의 과학적인 분석 방법은 나름대로의 연대 설정이나 문화의 발전계승론 주장을 어느 정도 객관화시킬 수 있는 방안의 하나로 여겨지기 때문에 앞으로 활발히 이용되기를 기대한다.

넷째, 청동기문화의 연구와 고조선 문화와의 관계이다.

북한 고고학에서 청동기시대에 대한 연구 성과가 축적되지 않았던 1950년대에는 한국식동검(세형동검)과 관련된 문화상을 고조선문화로 해석하였다. 그러다가 1960년대에 이르러 청동기시대의 연구가 큰 성과를 얻게 되자 이와 관련시켜 문화상이나 문화의 분포지역을 확대해석하고 있다. 이렇게 한 결과 고조선의 중심지를 다른 지역보다 선진 문물을 일찍 일으킨 중국 동북지역에 두고 주변지역으로의 청동기문화 전파론을 주장한다.

하지만 최근 한반도 남부지역의 서남지역에서 나타나고 있는 비교적 이른 시기의 비파형동검이나, 북청 토성리유적처럼 두만강유역과 동해안지역에서 발굴 조사된 청동유물은 이 지역에서의 청동기문화의 독자적인 발전 가능성을 시사하고 있어서 주목된다.

따라서 북한 고고학계에서 고조선문화의 중심 지역을 중국 동북지역으로 국한시켜 다른 지역으로의 전파를 계속해서 주장한다면, 한반도 지역의 청동기시대 문화 해석에 많은 문제가 생기게 되므로 보다 신중한 자세가 필요하다고 본다.

끝으로, 남한 고고학계의 청동기시대 연구 성과를 북한에서는 너무 도외시하고 있다는 점이다.

연대문제나 문화권 설정 등 여러 분야에서 서로의 연구 방법이나 견해에 차이가 있는 것은 사실이지만, 북한 고고학계는 남한지역에서 새롭게 드러나는 자료나 연구 성과를 의도적으로 배제하는 경향이 보인다. 그러나 이러한 연구자세를 극복하고 적극적으로 받아들일 때 우리의 청동기문화에 대한 올바른 해석에 한걸음 더 가까이 다가간다는 사실을 알아야 할 것이다.

주

1) 고고학연구소, 《조선고고학개요》, 1977 : 장호수, 《북한의 선사고고학 : 청동기시대와 문화》, 1992.

2) 리여성, 《조선미술사개요》, 1955.

3) 고고학및 민속학연구소, 《회령 오동원시유적 발굴보고》, 1960 : 한창균, 〈북한의 1950년대 선사
   유적 발굴과 그 연구동향〉, 《한민족》 2, 1990.

4) 정백운, 《조선 금속문화의 기원에 대한 고고학적 자료》, 1957.

5) 도유호, 〈조선거석문화연구〉, 《문화유산》 59-2, 1959.

6) 조중공동고고학발굴대, 《중국 동북지방의 유적 발굴보고》, 1966.

7) 도유호, 〈조선 원시문화의 년대 추정을 위한 시도〉, 《문화유산》 58-3, 1958.

8) 황기덕, 《조선의 청동기시대》, 1984.

9) 배기동, 〈북한 선사고고학의 성과와 평가〉, 《북한의 한국학 연구성과 분석》, 1990.

10) 하문식, 《古朝鮮地域의 고인돌硏究》, 1999.

11) 이강승, 〈청동기시대유적〉, 《북한의 문화유산 I》, 1990.

12) 한창균, 앞의 글.

참고문헌

1. 구석기

(1) 연구경향과 성과

고고학 및 고고학연구소, 〈용어해설 : 구석기시대〉, 《문화유산》 58-5, 1958.

고고학연구소, 《조선의 구석기시대》, 사회과학출판사, 1977.

_____, 《조선고고학개요》, 과학백과사전출판사, 1977.

권이구, 〈한국 구석기시대의 인류화석에 대한 형질인류학적 고찰〉, 《韓國考古學報》 19, 1986.

김교경, 〈덕천 승리산 유적의 년대에 대하여〉, 《고고민속논문집》 7, 1979.

_____, 〈전자스핀공명 년대측정방법에 대하여〉, 《조선고고연구》 2, 1987.

_____, 〈핵분렬 흔적법에 의한 절대년대측정의 몇가지 문제〉, 《조선고고연구》 4, 1987.

김교경·전영수, 〈절골동굴 아래층 화석산지의 연대〉, 《조선고고연구》 90-1, 1990.

김신규, 〈우리나라 원시유적에서 나온 포유동물상〉, 《고고민속론문집》 2, 1970.

_____, 〈우리나라 구석기시대 포유동물상〉, 《조선고고연구》 86-2, 1986.

김용간, 《조선의 구석기시대》, 사회·과학출판사, 1984.

_____, 〈화북구석기시대 전기문화에 대하여〉, 《조선고고연구》 86-2, 1986.

김용남, 〈강좌 : 중석기시대〉, 《문화유산》 63-2, 1963.

_____, 〈우리나라에서 발견된 인류화석과 조선사람의 기원문제의 해명〉, 1981.

김일성종합대학출판사, 《룡곡동굴》, 1986.

김홍걸, 〈덕천 승리산 동굴유적의 포자-화분구성(승리산사람의 화석층)〉, 《조선고고연구》 93-1, 1993.

도유호, 〈강좌 : 빙하기란 무엇인가〉, 《문화유산》 62-4, 1962.

206

_____, 〈강좌 : 인류의 기원〉,《문화유산》 62-5, 1962.

_____, 〈강좌 : 구석기란 무엇인가〉,《문화유산》 62-6, 1962.

_____, 〈학계소식 : 1963년중 고고학에서 거둔 성과〉,《고고민속》 63-2, 1963.

_____, 〈조선의 구석기문화인 굴포문화에 대하여〉,《고고민속》 64-2, 1964.

도유호・김용남, 〈우리나라 구석기시대와 이른 신석기 시대의 연대론에 대하여〉,《력사과
　　　학》 64-5, 1964.

_____, 〈학계소식 : 굴포문화에 대한 그 후 소식〉,《고고민속》 65-1, 1965.

량홍모・강영수・리영임, 〈열형광법에 의한 자연동굴 퇴적층의 나이결정〉,《지질과학》
　　　90-3, 1990.

력사연구소,《조선통사》, 1962.

_____,《조선전사 1 : 원시편》, 과학백과사전출판사, 1979.

_____,《조선통사》(4판), 1987.

력사연구소・고고학연구소,《조선전사 1 : 원시편》 2판, 과학백과사전종합출판사, 1991.

류정길, 〈우리나라 제4기 하세(구세 하부층)층의 특징〉,《조선고고연구》 4, 1988.

리상우, 〈제4기 층서구분에서 제기되는 몇가지 문제〉,《조선고고연구》 87-3, 1987.

_____, 〈우리나라 북부지역에 발달되여 있는 제4기 상세(Q3)층에 대한 연구〉,《지질과
　　　학》 91-2, 1991.

리상우・류정길, 〈우리나라 제4기 하세(구세하부층)층의 특징〉,《조선고고연구》 88-4,
　　　1988.

박영철, 〈한국의 구석기문화〉,《한국고고학보》 28, 1992.

박준석・최현모, 〈털코끼리가 발견된 함북 화대군 장덕리 4기층의 층서와 고지리적 환경
　　　에 대한 고찰〉,《문화유산》 62-4, 1962.

박희현, 〈동물상과 식물상〉,《한국사론》 12, 국사편찬위원회, 1983.

_____, 〈先史社會의 生活相〉,《제2판 한국사연구입문》, 한국사연구회, 1987.

배기동, 〈구석기시대〉,《韓國先史考古學史》, 까치, 1992.

백기하・장우진, 〈조선사람머리뼈의 인류학적 특징〉,《고고민속론문집》 5, 1973.

서국태, 〈최근 년간 조선고고학연구에서 이룩한 주요 성과〉,《조선고고연구》 86-1, 1986.

손보기, 〈舊石器時代 : 人種과 住居址〉,《韓國史論》 12上, 1983.

_____, 〈체질-형질 인류학상으로 본 한국 겨레의 뿌리〉,《韓國史論》 14, 1984.

_____, 〈한민족의 형질〉,《한민족》, 한민족학회 2, 1990.

_____, 구석기유적 : 한국・만주〉, 한국선사문화연구소, 1990.

손보기・이융조, 〈舊石器時代〉,《考古學・美術史用語 審議資料集》, 1979.

이동영, 〈제4기 지질학과 고고학의 공동연구〉,《선사고고학과 자연과학과의 만남》, 충북

대학교 선사문화연구소, 1992.

이선복, 〈민족 단혈성 기원론의 검토〉, 《북한의 고대사 연구》, 1991.

_____, 〈북한 고고학사 시론〉, 《동방학지》 74, 연세대 국학연구원, 1992.

이융조, 《한국선사문화의 연구》, 평민사, 1980.

_____, 〈舊石器/中石器文化〉, 《韓國史研究入門》, 한국사연구회편, 1981.

_____, 《한국의 선사문화-그 분석연구》, 탐구당, 1981.

_____, 〈한국 홍적세의 자연환경 연구〉, 《東方學志》 38, 1983.

_____, 〈구석기시대 : 편년〉, 《韓國史論》, 국사편찬위원회편 12, 1983.

_____, 《한국의 구석기문화(II)》, 탐구당, 1984.

_____, 〈한국 구석기시대의 동물상〉, 《韓國考古學報》 19, 1986.

_____, 〈구석기·중석기문화〉, 《제2판 한국사연구입문》, 지식산업사, 1987.

_____, 〈한국 구석기유적과 식물상의 분석연구〉, 《東方學志》 54~56, 1987.

_____, 〈구석기시대 유적〉, 《북한의 문화유산 I》, 고려원, 1990.

_____, 〈북한의 구석기 연구성과와 분석〉, 《國史館論叢》 29, 국사편찬위원회편, 1991.

_____, 〈한국 구석기연구의 오늘과 내일〉, 《先史文化》, 충북대학교 선사문화연구소 1, 1992.

이융조·우종윤·길경택·하문식·윤용현, 《우리의 선사문화(I)》, 지식산업사, 1994.

장우진, 〈조선사람 이발의 인종적 특징에 관한 연구〉, 《고고민속 론문집》 7, 1979.

_____, 〈최근년간 조선고고학연구에서 이룩한 주요성과〉, 《조선고고연구》 86-1, 1986.

_____, 〈최근 인류의 발생 시기에 대한 학계의 론쟁점〉, 《조선고고연구》 86-3, 1986.

_____, 〈조선사람의 시원문제에 대하여〉, 《조선고고연구》 3, 1987.

_____, 《조선사람의 기원》, 사회과학 출판사, 1989.

전재헌·윤진·김근식·류정길, 《룡곡동굴유적》, 김일성종합대학 출판사, 1986.

조선유적유물도감 편찬위원회, 《조선유적유물도감 1 : 원시편》, 외국문종합출판사, 1988.

최무장, 《韓國의 舊石器文化》, 예문출판사, 1986.

_____, 〈한국 구석기시대의 자연환경〉, 《韓國考古學報》 19, 1986.

한창균, 〈제4기의 지질 및 자연환경〉, 《韓國史論》 12, 1983.

_____, 〈북한 고고학계의 구석기시대 연구 동향〉, 《東方學志》 68, 1990.

_____, 〈룡곡동굴유적을 다시 논함〉, 《위 책》 68, 1990.

_____, 《북한의 선사고고학(I) : 구석기시대와 문화》, 백산문화, 1990.

_____, 〈룡곡 제1호 동굴유적의 시기구분과 문제점〉, 《博物館紀要》 8, 1992.

_____, 〈구석기시대의 사회와 문화〉, 《한국사》 1, 한길사, 1994.

_____, 〈북한의 구석기 문화 연구 30년〉, 《북한의 고대사 연구와 성과》(대륙연구소),

208

1994.

_____, 《북한 고고학 미술사 용어집》(백산자료원), 1996.

한창균·신숙정·장호수, 《북한 선사 문화 연구》(백산자료원), 1995.

황기덕, 《조선 원시 및 고대사회의 기술발전》(과학백과사전출판사), 1984.

(2) 유적조사

고고학 및 고고학연구소, 〈함경북도 웅기군 굴포리 서포항동에서 구석기시대유적 발견〉, 《고고민속》 63-2, 1963.

고고학연구소, 〈상원 검은모루유적 발굴중간보고〉, 《고고민속론문집》 1, 1969.

_____, 《덕천 승리산유적 발굴보고》(유적발굴보고 제11집), 1978.

김교경, 〈청정암 및 해상 동굴유적의 발굴보고〉, 《고고학자료집》 4, 1974.

_____, 〈새로 발견된 만달 동굴유적〉, 《력사과학》 81-4, 1981.

김신규·김교경, 〈상원 검운모루 구석기시대 유적발굴보고〉, 《고고학자료집》 4, 1974.

김신규·김교경·백기하·장우진·서국태, 《평양부근 동굴유적 발굴보고》(유적발굴보고 제14집), 1985.

김신규·백기하·장우진·서국태, 〈력포구역 대현동유적발굴보고〉, 《평양부근 동굴유적 발굴보고》, 과학백과사전출판사, 1985.

김용간·서국태, 〈서포항 원시유적 발굴보고〉, 《고고민속논문집》 4, 1972.

김용남, 〈안가라강 수력 발전소구역에서의 고고학적 조사발굴사업〉, 《문화유산》 60-2, 1960.

김원룡·최무장·정영화, 《韓國舊石器文化硏究》, 한국정신문화연구원, 1981.

류병흥, 〈새로 발굴한 대현동 구석기유적〉, 《력사과학》 79-2, 1979.

리상우, 〈평양시 상원군 중리 독재굴 유적에 대하여〉, 《조선 고고연구》 88-1, 1988.

사회과학원 고고학연구소, 〈상원검은모루유적 중간발굴 보고〉, 《고고민속론문집》 1, 1969.

사회과학원 고고학연구소 자연사연구실, 〈함경북도 웅기군 굴포리 서포항에서 구석기시대유적발굴〉, 《고고민속》 63-2, 1963.

_____, 〈우리나라에서 구석기시대유적 발견〉, 《력사과학》 63-4, 1963.

_____, 〈덕천 승리산 유적발굴보고〉(유적발굴보고 11), 1978.

전재헌, 〈열형광법에 의한 퇴적층의 나이결정〉, 《룡곡동굴유적》, 1986.

德永重康·森爲三, 〈豆滿江沿岸潼關鎭發掘物調査報告〉, 《第一次滿蒙學術調査團報告》 2-4, 1939.

(3) 유물연구

김근식, 〈룡곡 제1호 동굴유적의 포유동물상에 대한 연구〉, 《과학원통보》 91-3, 1991.

김신규, 〈함경북도 화대군에서 털코끼리(맘모스)의 유골을 발견〉, 《문화유산》 62-2, 1962.

_____, 〈승호 제3호 동굴에서 새로 알려진 만달 짧은 턱 하에나에 대하여〉, 《조선고고연구》 87-4, 1987.

_____, 〈순천시 장선동굴에서 드러난 포유동물화석〉, 《조선고고연구》 91-2, 1991.

_____, 〈우리나라에서 드러난 히에나화석에 대하여(1)〉, 《조선고고연구》 93-3, 1993.

김정학, 〈한국에 있어서의 구석기문화의 문제〉, 《고려대학교 문리논집》 3, 1958.

김홍걸, 〈평산군 해상동굴퇴적층의 포자-화분조합에 대한 고찰〉, 《조선고고연구》 92-2, 1992.

로대영, 〈함북 화대군 털코끼리발굴지에 발달한 니탄층의 포자화분조합〉, 《문화유산》 62-4, 1962.

류정길, 〈포자-화분〉, 《룡곡동굴유적》, 1986.

리애경, 〈금야군 온정리 굴재덕동굴에서 드러난 포유동물화석〉, 《조선고고연구》 89-1, 1989.

_____, 〈고원군 다천리 범굴에서 드러난 포유동물화석〉, 《조선고고연구》 89-1, 1994.

박희현, 〈창내의 후기 구석기시대 막집의 구조와 복원〉, 《博物館紀要》 6, 1990.

서국태, 〈만달리동굴 유적의 석기에 대하여〉, 《조선고고연구》 87-2, 1987.

윤진, 〈화석감정 : 인류화석〉, 《룡곡동굴유적》, 1986.

이융조, 〈단양 수양개 배모양석기의 연구〉, 《古文化》 35, 1989.

이융조・윤용현, 〈화순 대전 후기구석기문화－배모양석기와 집터를 중심으로〉, 《선사와 고대》 3(한국고대학회), 1991.

_____・_____, Micro-Blade Cores from Suyanggae Site Korea "Int'l. Symp. Chrono-stratigraphy of Paleolithic of North, Central, East Asia and America－The paleoecological Aspect"(Novosibirsk, Russia), 1992.

_____・_____, Tanged-points and Micro-blade Cores from Suyanggae Site, Korea Paper submitted to "Int'l. Symp. on Micro-blade Industry in Northern Eurasia and Northern North America"(Sapporo Univ. Japan), 1992.

_____・_____, Reconstruction of Upper Paleolithic Dwelling at Taejon, korea "Int'l. Symp. paleoecology and settling of the Ancient Man in North Asia and America" (Krasnoyarsk,Russia, August 20-28), 1992.

_____・_____, 〈한국 좀돌날몸돌의 연구－수양개수법과의 비교를 중심으로〉, 《先史文

化》2, (충북대학교 선사문화연구소), 1994.

_____·_____, 〈수양개유적의 후기구석기시대 문화－좀돌날몸돌을 중심으로〉,《수양개
와 그 이웃들》(단양향토문화연구소·충북대학교박물관), 1996.

_____·_____, 〈수양개 좀돌날몸돌과 한국의 좀돌날몸돌의비교연구〉,《동북아구석기문
화》(중국요녕성문물고고연구소·충북대학교 선사문화연구소), 1996.

_____·_____, Micro-Blade Cores in Korea(in English) "Int'l. Symp. on late
Paleolithic-Early Neolithic of Eastern Asia and North America"(Vladivostok,
Russia), 1996.

장우진, 〈력포사람의 인류학적특징에서 주목되는 몇가지 문제〉,《조선고고연구》 90-1,
1990.

장우진·강명광, 〈금천 동굴에서 발견된 인류화석〉,《조선고고연구》 88-4, 1988.

直良信夫, 〈朝鮮 潼關鎭發掘 舊石器時代의 遺物에 대하여〉,《第一次滿蒙學術調査團報告》
6-3, 1940.

2. 신석기

(1) 시대개괄

강중광, 〈우리나라 신석기시대 번개무늬그릇 유적의 연대에 대하여〉,《고고민속논문집》6,
1975.

고고학연구소,《조선고고학개요》, 1977.

고고학연구실, 〈우리나라 원시유적의 분포정형〉,《문화유산》58-6, 1958.

_____, 〈1960년도 과학연구사업의 성과적 수행을 위하여〉,《문화유산》60-1, 1960.

_____, 〈고고학이란 어떠한 과학이며 력사연구에는 왜 고고학이 필요한가〉,《문화유산》
62-3, 1962.

_____, 〈과학원 창립 이후 고고학과 민속학의 발전〉,《문화유산》62-5, 1962.

김용간, 〈서북조선 빗살무늬그릇유적의 연대를 론함〉,《고고민속》66-1, 1966.

_____, 〈우리나라 신석기시대 토기조성 변천의 특징〉,《력사과학》78-1, 1978.

_____, 〈우리나라 신석기시대 질그릇갖춤새 변천에 보이는 문화발전의 고유성〉,《고고민
속논문집》7, 1979.

_____,《조선고고학전서-원시편(석기시대)》, 1990.

김용남, 〈우리나라 신석기시대〉,《고고민속》67-3, 1967.

_____, 〈궁산문화에 대한 연구〉,《고고민속논문집》8, 1983.

김용남·김용간·황기덕,《우리나라 원시집자리에 관한 연구》, 1975.

김원룡, 〈한국선사시대의 신상에 대하여〉,《역사학보》94·95, 1982.

김정배 외,《북한이 보는 우리역사》(을유문화사), 1989.

도유호, 〈조선 원시문화의 연대추정을 위한 시도〉,《문화유산》58-3, 1958.

_____,《조선 원시 고고학》, 1960.

도유호·김용남, 〈강좌 : 우리나라 구석기시대와 이른 신석기시대의 년대론에 대하여〉,
    《력사과학》64-5, 1964.

력사연구소,《조선전사》, 1979.

력사연구소·고고학연구소,《조선전사1(원시편)》(과학백과사전 종합출판사), 1991.

리병선, 〈압록강유역 빗살무늬그릇 유적들의 특성에 관한 약간의 고찰〉,《고고민속》
    63-1, 1963.

_____, 〈압록강유역 빗살무늬그릇 유적들의 계승성에 대한 약간의 고찰〉,《고고민속》
    65-2, 1965.

박진욱, 〈우리나라 활촉의 형태와 그 변천〉,《고고민속》67-1, 1967.

백용기, 〈자산문화와 흥륭와문화〉,《조선고고연구》88-3, 1988.

변사성, 〈우리나라 신석기시대 질그릇재료의 변천〉,《조선고고연구》88-3, 1988.

_____, 〈소정리유적 제1지점의 신석기시대 집자리 발굴보고〉,《조선고고연구》92-3,
    1992.

변사성·고영남, 〈마산리유적의 신석기시대 집자리에 대하여〉,《조선고고연구》89-4,
    1989.

서국태, 〈기원전 3천년기 서포항주민들의 농업생산활동〉,《력사과학》80-3, 1980.

_____, 〈서포항유적 신석기시대 사람들의 물고기잡이〉,《조선고고연구》86-1, 1986.

_____,《조선의 신석기시대》, 1986.

_____, 〈질그릇을 통하여 본 우리나라 신석기시대의 문화유형〉,《조선고고연구》90-3,
    1990.

_____, 〈우리나라 신석기시대 연구에서 이룩된 성과〉,《조선고고연구》92-1, 1992.

_____, 〈남반부지역 신석기시대 유적들의 편년에 대하여〉,《조선고고연구》92-4, 1992.

송순탁, 〈남경유적에서 드러난 벼와 일본문화의 기원〉,《력사과학》83-2, 1983.

신숙정, 〈우리나라 신석기문화연구의 어제와 오늘〉,《박물관휘보》3, 1992.

_____, 〈북한의 신석기문화연구 40년〉,《북한의 고대사 연구와 성과》(대륙연구소), 1994.

이성주, 〈신석기시대〉,《국사관논총》1990.

한영희, 〈신석기시대유적〉,《북한의 문화유산》1, 1990.

황기덕, 〈조선서북지방 원시토기의 연구〉, 《문화유산》 58-4, 1958.

_____, 〈두만강유역의 신석기시대 문화〉, 《문화유산》 62-1, 1962.

아. 야. 브르쑈브(김용간 역), 〈신석기시대 년대론에 관한 약간의 리론적 기초〉, 《문화유산》 60-1, 60-5, 1960.

鳥居龍藏, 《大正5年度 古蹟調査報告》(조선총독부), 1917.

藤田亮策, 〈櫛目文土器 の分布について〉, 《靑丘學叢》 2, 1930.

許玉林, 〈丹東市 東溝顯 新石器時代遺址〉, 《考古》 84-1, 1984.

〈용어해설 : 신석기시대〉, 《문화유산》 58-6, 1958.

조선유적유물도감 편찬위원회, 《조선유물도감 - 원시편》 1, 1988.

(2) 유적조사

강중광, 〈룡연리유적 발굴보고〉, 《고고학자료집》 4, 1974.

_____, 〈신암리 원시유적 제4지점에 대하여〉, 《력사과학》 79-2, 1979.

고고학연구소 자료실, 〈중국 료녕성 단동시 동구현 후와유적〉, 《조선고고연구》 88-1, 1988.

_____, 〈압록강류역, 료동반도 남단의 이른시기 신석기시대 유적들에 대하여〉, 《조선고고연구》 88-3, 1988.

김교경, 〈새로 발견된 만달리 동굴유적〉, 《력사과학》 81-4, 1981.

김동일, 〈마산리유적의 청동기시대집자리에 대하여〉, 《조선고고연구》 90-3, 1990.

김례환, 〈룡천군 신암리 신창부락에서 원시유적 발견〉, 《문화유산》 59-1, 1959.

김신규·김교경·백기하·장우진·서국태, 〈평양부근 동굴유적 발굴보고〉, 《유적발굴보고》 14, 1985.

김영우, 〈세죽리유적 발굴중간보고(2)〉, 《고고민속》 64-4, 1964.

김용간, 〈쏘련 연해주지방 유적탐사기〉, 《문화유산》 58-6, 1958.

_____, 〈미송리 동굴유적 발굴중간보고(1)〉, 《문화유산》 61-1, 1961.

_____, 〈미송리 동굴유적 발굴중간보고(2)〉, 《문화유산》 61-2, 1961.

_____, 〈금탄리유적 제2문화층에 대하여〉, 《문화유산》 62-3, 1962.

_____, 〈서평 : 지탑리 원시유적발굴보고〉, 《문화유산》 62-3, 1962.

_____, 〈미송리동굴유적 발굴보고〉, 《고고학자료집》 3, 1963.

_____, 《금탄리 원시유적 발굴보고》(유적발굴보고 10집), 1964.

김용간·리순진, 〈1965년도 신암리유적 발굴보고〉, 《고고민속》 66-3, 1966.

김용간·서국태, 〈서포항 원시유적 발굴보고〉, 《고고민속논문집》 4, 1972.

김용간·석광준,《남경유적에 관한 연구》, 1984.

김용남,〈서포항 조개무지 발굴중간보고〉,《문화유산》61-3, 1961.

_____,〈안가라강 수력발전소구역에서의 고고학적 조사발굴사업〉,《문화유산》60-2, 1960.

_____,〈해주시 룡당리 룡당포 조개무지 유적조사보고〉,《고고민속》63-1, 1963.

_____,〈궁산문화에 대한 연구〉,《고고민속론문집》8, 1983.

김용남·전주농,〈년간 주요발굴 소식〉,《문화유산》60-6, 1960.

김정문,〈세죽리유적 발굴 중간보고(1)〉,《고고민속》64-2, 1964.

김종혁,〈중강군 장성리유적 조사보고〉,《문화유산》61-6, 1961.

도유호,〈회령오동원시유적 발굴보고〉,《유적발굴보고》7, 1960.

_____,〈학계소식 : 1963년중 고고학에서 거둔 성과〉,《고고민속》63-3, 1963.

_____,〈서평 : 금탄리원시유적 발굴보고〉,《고고민속》65-1, 1965.

도유호·정백운,〈라진초도 원시유적 발굴보고〉,《유적발굴보고》1, 1955.

도유호·황기덕,〈지탑리유적 발굴 중간보고(1)〉,《문화유산》57-5, 1957.

_____,〈지탑리유적 발굴 중간보고(2)〉,《문화유산》57-6, 1957.

_____,〈궁산 원시유적 발굴보고〉,《유적발굴보고》2, 1957.

_____,〈지탑리 원시유적 발굴보고〉,《유적발굴보고》8, 1961.

량익룡,〈최근 강원도에서 발굴된 원시유적〉,《문화유산》61-6, 1961.

림주태,〈함경북도에서 새로 알려진 유적과 유물〉,《고고민속》65-2. 1965.

리병선,〈중강군 토성리 원시 및 고대유적 발굴 중간보고〉,《문화유산》61-5, 1961.

_____,〈평안북도 룡천군, 염주군 일대의 유적 답사보고〉,《문화유산》62-1, 1962.

리순진,〈신암리유적 발굴중간보고〉,《고고민속》65-3, 1965.

리원근,〈황해남도 북부지방 유적답사보고〉,《문화유산》61-6, 1961.

박선훈·리원근,〈석탄리 원시유적 발굴중간보고〉,《고고민속》65-3, 1965.

백룡규,〈린산군 주암리원시유적 발굴간략보고〉,《고고민속》66-2, 1966.

서국태,〈강원도 지방의 신석기시대 유적에 대하여〉,《조선고고연구》88-4, 1988.

석광준·허순산,〈장촌유적발굴보고〉,《조선고고연구》87-4, 1987.

신의주력사박물관,〈1966년도 신암리유적 박굴간략보고〉,《고고민속》67-2, 1967.

안병찬,〈자료 : 평안북도 박천군, 녕변군의 유적조사보고〉,《문화유산》62-5, 1962.

전제헌·윤진·김근식·류정길,《룡곡동굴유적》, 1986.

정찬영,〈압록강 독로강유역 고구려유적 발굴보고〉,《유적발굴보고》13, 1983.

차달만,〈당산조개무지유적 발굴보고〉,《조선고고연구》92-4, 1992.

_____,〈당산유적 웃문화층 질그릇갖춤새의 특징에 대하여〉,《조선고고연구》93-4, 1993.

황기덕,〈함경북도지방 석기시대 유적과 유물(1)〉,《문화유산》57-1, 1957.

_____, 〈함경북도지방 석기시대 유적과 유물(2)〉,《문화유산》57-2, 1957.

_____, 〈두만강류역과 동해안일대의 유적조사〉,《문화유산》57-6, 1957.

_____, 〈무산읍 범의구석 원시유적 발굴중간보고〉,《문화유산》60-1, 1960.

_____, 〈무산 범의구석유적발굴보고〉,《고고민속론문집》6, 1975.

고고학연구실, 〈청진 농포리 원시유적 발굴〉,《문화유산》57-4, 1957.

사회과학원 고고학 및 민속학 연구소, 〈금탄리 원시유적 발굴보고〉,《유적발굴보고》10,
    1964.

자료실, 〈중국 료녕성 단동시 동구현 후와유적〉,《조선고고연구》88-1, 1988.

〈학계소식 : 녕변군 세죽리유적발굴〉,《문화유산》62-6, 1962.

〈학계소식 : 웅기군 굴포리 서포항동 원시조개무지유적발굴〉,《문화유산》62-6, 1962.

〈최근년간 조선 고고학연구에서 이룩한 주요성과〉,《조선고고연구》86-1, 1986.

〈압록강류역, 료동반도 남단의 이른시기 신석기시대 유적들에 대하여〉,《조선고고연구》
    88-3, 1988.

(3) 유물연구

김교경, 〈전자스핀공명 연대측정방법에 대하여〉,《조선고고연구》87-2, 1987.

_____, 〈핵분열흔적법에 의한 절대년대측정의 몇가지 문제〉,《조선고고연구》87-4, 1987.

_____, 〈흑요석의 물붙임층 연대측정법〉,《조선고고연구》90-3, 1990.

김신규, 〈미송리동굴의 동물유골에 대하여〉,《문화유산》61-6, 1961.

_____, 〈농포 원시유적의 동물유골에 대하여〉,《문화유산》62-2, 1962.

_____, 〈미송리동굴유적의 동굴유골에 대하여〉,《고고학자료집》3, 1963.

_____, 〈회령 오동 원시유적의 포유동물상〉,《고고민속》63-3, 1963.

_____, 〈무산 범의구석 원시유적에서 나온 짐승뼈에 대하여〉,《고고민속》63-4, 1963.

_____, 〈우리나라 원시유적에서 나온 포유동물상〉,《고고민속론문집》2, 1970.

김송현, 〈우리나라 신석기시대의 석기제작 수법〉,《력사과학》84-2, 1984.

김용간, 〈서북조선 빗살무늬그릇 유적의 연대를 론함〉,《고고민속》66-1, 1966.

_____, 〈우리나라 신석기시대 토기조성 변천의 특징〉,《력사과학》78-1, 1978.

_____, 〈우리나라 신석기시대 질그릇갖춤새 변천에 보이는 문화발전의 고유성〉,《고고민
    속론문집》7, 1979.

리병선, 〈압록강유역 빗살무늬그릇유적의 특성에 관한 약간의 고찰〉,《고고민속》63-1,
    1963.

리윤철, 〈방사성탄소에 의한 유적유물의 절대년대측정법에 대한 고찰〉,《조선고고연구》

90-2, 1990.

민속학연구실, 〈하천 어로에 관한 민속자료〉, 《문화유산》 58-6, 1958.

＿＿＿, 〈독로강 어로 민속〉, 《문화유산》 59-1, 1959.

박진욱, 〈우리나라 활촉의 형태와 그 변천〉, 《고고민속》 67-1, 1967.

백기하, 〈해주시 룡당리에서 나온 인골에 대하여〉, 《고고민속》 65-2, 1965.

＿＿＿, 〈안변군 룡성리에서 나온 인골에 대하여〉, 《고고민속》 65-4, 1965.

＿＿＿, 〈자료 : 웅기 서포항 원시유적에서 나온 인골〉, 《고고민속》 66-2, 1966.

변사성, 〈우리나라 신석기시대의 식생활용기〉, 《조선고고연구》 88-2, 1988.

＿＿＿, 〈우리나라 신석기시대 질그릇재료의 변천〉, 《조선고고연구》 88-3, 1988.

변사성·안영준, 〈강상리유적의 질그릇갖춤새에 대하여〉, 《조선고고연구》 86-2, 1986.

서국태, 〈기원전 3천년기 서포항 주민들의 로동도구 제작방법에 대하여〉, 《력사과학》
        79-4, 1979.

전영수, 〈질그릇의 년대측정에서 열형광법의 응용〉, 《조선고고연구》 89-2, 1989.

황기덕, 〈함경북도 석기시대의 유적과 유물(2)〉, 《문화유산》 57-2, 1957.

＿＿＿, 〈조선 서북지방 원시토기의 연구〉, 《문화유산》 58-4, 1958.

〈용어해설 : 빗살무늬 그릇〉, 《고고민속》 66-3, 1966.

＿＿＿, 〈함경북도지방 석기시대의 유적과 유물(1)〉, 《문화유산》 57-1, 1957.

＿＿＿, 〈함경북도지방 석기시대의 유적과 유물(2)〉, 《문화유산》 57-2, 1957.

〈용어해설 : 반달칼〉, 《고고민속》 66-3, 1966.

3. 청동기

(1) 연구 경향과 성과

고고학연구소·력사연구소, 〈기원전 천년기 전반기의 고조선 문화〉, 《고고민속론문집》 1,
        1969.

김용간, 〈우리나라 청동기시대 년대론과 관련한 몇가지 문제〉, 《고고민속》 64-2, 1964.

김용간·황기덕, 〈우리나라의 청동기시대〉, 《고고민속》 67-4, 1967.

김용남·김용간·황기덕, 《우리나라 원시 집자리에 관한 연구》(사회과학출판사), 1975

김재효, 〈우리나라 초기금속문화의 원류에 대한 몇가지 문제〉, 《문화유산》 58-2, 1958.

도유호, 《조선원시고고학》(과학원출판사), 1961.

＿＿＿, 〈조선거석문화연구〉, 《문화유산》 59-2, 1959.

리여성,《조선미술사개요》, 국립출판사, 1955.

박영초,《조선인민경제사(원시-고대편)》(사회과학출판사), 1988.

배기동,〈북한 선사고고학의 성과와 평가〉,《북한의 한국학 연구성과 분석》(한국정신문화연구원), 1990.

석광준,〈우리나라 서북지방 고인돌에 관한 연구〉,《고고민속론문집》7, 1979.

이강승,〈회고 - 한국 고고학 40년 : 청동기시대〉,《한국고고학 년보》10, 1983.

_____,〈청동기시대 유적〉,《북한의 문화유산 I》(고려원), 1990.

이청규,〈광복후 남북한 청동기시대의 연구성과〉,《한국고고학보》21(한국고고학회), 1988.

이형구,《단군과 고조선》(살림터), 1999.

장호수,《북한의 선사고고학 : 청동기시대와 문화》(백산), 1992.

_____,〈청동기시대와 문화〉,《북한 선사문화 연구》(백산자료원), 1995.

정백운,《조선 금속문화의 기원에 대한 고고학적 자료》(과학원 출판사), 1957.

하문식,《古朝鮮地域의 고인돌研究》(백산자료원), 1999.

황기덕,《조선의 청동기시대》(사회과학출판사), 1984.

_____,《조선원시및 고대사회의 기술발전》(과학백과사전출판사), 1984.

_____,〈무덤을 통하여 본 우리나라 청동기시대의 사회관계〉,《고고민속》65-4, 1965.

_____,〈우리나라 청동기시대의 사회관계에 대하여(1)〉,《조선고고연구》87-2, 1987.

_____,〈우리나라 청동기시대의 사회관계에 대하여(2)〉,《조선고고연구》87-4, 1987.

황기덕·김섭연,〈우리나라 고대야금기술〉,《고고민속론문집》8, 1983.

한창균,〈북한의 1950년대 선사유적 발굴과 그 연구동향〉,《한민족》2(한민족학회), 1990.

(2) 유적 조사

강중광,〈신암리원시유적 제4지점에 대하여〉,《력사과학》, 79-2, 1979.

고고학 및 민속학연구소,《금탄리 원시유적 발굴보고》(유적발굴보고 제10집), 1964.

_____,〈황해북도 사리원시 상매리 석상분 조사보고〉,《고고학자료집》2, 1959.

김기웅,〈평안남도 개천군 묵방리 고인돌 발굴중간보고〉,《고고학자료집》3, 1963.

김동일,〈사리원시 광성동 고인돌발굴에 대하여〉,《조선고고연구》88-4, 1988.

_____,〈서북조선과 료동지방의 돌상자무덤에 대하여〉,《력사과학》85-3, 1985.

김신규,〈우리나라 원시유적에서 나온 포유동물상〉,《고고민속론문집》2, 1972

_____,〈선봉 서포항 원시유적에서 드러난 짐승뼈에 대하여〉,《조선고고연구》90-3, 1990.

김용간, 《강계공귀리원시유적 발굴보고》(유적발굴보고 제6집), 1959.

_____, 〈금탄리유적 제2문화층에 대하여〉, 《문화유산》 62-3, 1962.

_____, 〈강계시 공귀리 원시유적에 대하여〉, 《문화유산》 58-4, 1958.

김용간·리순진, 〈1965년도 신암리유적 발굴보고〉, 《고고민속》 66-3, 1966.

김용간·서국태, 〈서포항원시유적 발굴보고〉, 《고고민속론문집》 4, 1972.

김용간·석광준, 《남경유적에 관한 연구》(과학백과사전출판사), 1984.

김정문, 〈세죽리유적 발굴중간보고(1)〉, 《고고민속》 64-2, 1964.

도유호, 《회령오동 원시유적 발굴보고》(유적발굴보고 제7집), 1960.

도유호·정백운, 《라진초도 원시유적 발굴보고》(유적발굴보고 제1집), 1955.

도유호·황기덕, 《지탑리 원시유적 발굴보고》(유적발굴보고 제8집), 1961.

라명관, 〈약사동 고인돌 발굴보고〉, 《조선고고연구》 88-2, 1988.

리기련, 《석탄리유적 발굴보고》(유적발굴보고 제12집), 1980.

리병선, 〈중강군 토성리 원시 및 고대유적 발굴중간보고〉, 《문화유산》 61-5, 1961.

리순진, 〈신암리유적 발굴중간보고〉, 《고고민속》 65-3, 1965.

리정남, 〈묵방리 고인돌에 관한 몇가지 고찰〉, 《력사과학》 85-1, 1985.

박선훈·리원근, 〈석탄리 원시유적발굴 중간보고〉, 《고고민속》 65-3, 1965.

백룡규, 〈린산군 주암리 원시유적발굴 간략보고〉, 《고고민속》 66-2, 1966.

서국태, 〈신흥동 팽이그릇 집자리〉, 《고고민속》 64-3, 1964.

_____, 〈발굴중간보고 : 영흥읍유적에 관한 보고〉, 《고고민속》 65-2, 1965.

석광준, 〈북창유적의 돌상자무덤과 고인돌에 대하여〉, 《고고민속론문집》 5, 1973.

_____, 〈오덕리 고인돌 발굴보고〉, 《고고학자료집》 4, 1974.

_____, 〈평곡고인돌 발굴보고〉, 《조선고고연구》 90-2, 1990.

신의주력사박물관, 〈1966년도 신암리유적 발굴간략보고〉, 《고고민속》 67-2, 1967.

안병찬, 〈자료 : 평안북도 박천군 녕변군의 유적조사조고〉, 《문화유산》 62-5, 1962.

안영준, 〈북청군 중리유적〉, 《고고민속》 66-2, 1966.

전수복, 〈함경북도 김책군 덕인리고인돌 정리간략보고〉, 《문화유산》 61-3, 1961.

전주농, 〈평안남도 룡강군 석천산동록의 고인돌〉, 《고고학자료집》 3, 1963.

정찬영, 《압록강,독로강유역 고구려유적 발굴보고》(유적발굴보고 제13집), 1983.

_____, 〈자강도 시중군 심귀리원시유적 발굴중간보고〉, 《문화유산》 61-2, 1961.

조선유적유물도감 편찬위원회, 《조선유적유물도감1 - 원시편》(외국문종합출판사), 1988.

조중공동고고학발굴대, 《중국동북지방의 유적발굴보고》(사회과학원출판사), 1966.

채희국, 《태성리고분군 발굴보고》(유적발굴보고 제5집), 1959.

황기덕, 〈무산읍 범의구석 원시유적발굴 중간보고〉, 《문화유산》 60-1, 1960.

218

_____, 〈무산 범의구석유적 발굴보고〉, 《고고민속론문집》 6, 1975.

_____, 〈황해남도 룡연군 석교리원시유적 간략보고〉, 《문화유산》 61-5, 1961.

_____, 〈황해남도 룡연군 석교리원시유적 발굴보고〉, 《고고학자료집》 3, 1963.

_____, 〈황해북도 황주군 긴동고인돌 발굴보고(1)〉, 《문화유산》 61-3, 1961.

_____, 〈황해북도 황주군 심촌리 긴동고인돌〉, 《고고학자료집》 3, 1963.

_____, 〈두만강류역의 청동기문화(1)〉, 《문화유산》 62-5, 1962.

_____, 〈두만강류역의 청동기문화(2)〉, 《문화유산》 62-6, 1962.

_____, 〈서부지방 팽이그릇유적의 년대에 대하여〉, 《고고민속》 66-4, 1966.

황기덕·리원근, 〈황주군 심촌리 청동기시대유적 발굴보고〉, 《고고민속》 66-3, 1966.

북부지방 선사유적 발굴조사연표

1. 구석기

연도 (수)	유적이름	위 치	조사기관	유적성격	비고
1935(1)	온성 강안리유적	함북 온성군 강안리	고고학 및 민속학연구소	한데	
1962(1)	화대 장덕리유적	함북 화대군 장덕리		한데(니탄)	
1963~64	선봉 굴포리유적	함북 선봉군 굴포리		한데	
1966(?)	순천 장선동유적	평남 순천시 장선동		동굴	
1966~70	상원 검은모루유적	평양 상원군 상원읍	고고학연구소	동굴	
1969~70	상원 청청암동굴	평양 상원군 상원읍		동굴	
1969~70	평산 해상동굴	황북 평산군 해상리	고고학연구소	동굴	
1972~73	덕천 승리산유적	평남 덕천시 승리산	고고학연구소	동굴	
1977(2)	승호 화천동유적	평양 승호구역 화천동		동굴	
	력포 대현동유적	평양 력포구역 대현동	고고학연구소	동굴	
1979(1)	평양 만달리유적	평양 승호구역 만달리	고고학연구소	동굴	1차
1980(2)	평양 만달리유적	평양 승호구역 만달리	고고학연구소	동굴	2차
	승호 매리동굴	평양 승호구역 매리		동굴	
1980~81	상원 룡곡동굴	평양 상원군 룡곡	김일성종합대학	동굴	
1981(2)	승호 제3호 동굴	평양 승호구역		동굴	
	성천 금평리유적	평남 성천군 금평리		동굴	
1983(1)	승호 절골유적	평양 승호구역 만달리		동굴	
1984(1)	상원 대흥리유적	평양 상원군 대흥리		동굴	
1985(2)	순천 밀전리유적	평남 순천시 밀전리		동굴	
	고원 다천리유적	함남 고원군 다천리		동굴	
1986~87	금야 굴재덕유적	함남 금야군 온정리		동굴	
?	상원 독재굴유적	평양 상원리 중리		동굴	
?	상원 금촌유적	평양 상원군 중리		동굴	
?	강동 흑령동굴	평양 강동군		동굴	
?	북창 풍곡리유적	평남 북창군 풍곡리		동굴	
?	연산 반천리유적	황북 연산군 반천리		동굴	
?	태탄동굴	황남 태탄군		동굴	

2. 신석기

연도 (수)	유적이름	위 치	조사기관	유적성격	비고
1950(2)	온천 궁산리유적	평남 온천군 해운면 운하리	중앙력사박물관	조개더미 ·집터	
	회령 검은개봉유적	함북 회령군 영수리 검은개봉		산포지	1차
1954(1)	회령 검은개봉유적	함북 회령군 영수리 검은개봉		산포지	2차
1955(1)	평양 금탄리유적	평양시 승호구역 금탄리	고고학연구소	집터	
1956(1)	청진 농포리유적	함북 청진시 농포리	물질문화사연구소	조개더미	
1957(2)	봉산 지탑리유적	황북 봉산군 지탑리	물질문화사연구소	집터	
	온성 동관리유적	함북 온성군 동관리	고고학 및 민속학연구소	포함층	
1958(1)	룡천 신암리유적	평북 룡천군 신암리		집터	1차
1959(7)	두만강유역과 동해안일대	함북 영안군, 청진시, 회령군, 유선군, 종성군	고고학 및 민속학연구소	산포지	
	의주 미송리동굴	평북 의주군 미송리	고고학 및 민속학연구소	동굴 집터	
	송화 안골유적	황남 송화군 송화읍		포함층	
	은천 학월리유적	황남 은천군 학월리 반월		조개더미	
	경원 봉산리유적	함북 경원군 봉산리		포함층	
	신포 강상리유적	함남 신포시 강상리	고고학 및 민속학연구소	산포지	
	황남 북부지방	황남 은천군, 송화군		산포지	
1959~61	무산 범의구석유적	함북 무산군 무산읍		집터	1~5차
1960~64	선봉 서포항유적	함북 선봉군 굴포리		조개더미 ·집터	1~5차
1960(4)	해주 룡당포유적	황남 해주시 룡당리		조개더미	
	중강 토성리유적	자강도 중강군 토성리		집터	1차
	중강 장성리유적	자강도 중강군 장성리		포함층	
	룡천 신암리유적	평북 룡천군 신암리		집터	2차
1961(4)	평북내 원시유적	평북 박천군, 녕변군		산포지	
	평북내 원시유적	평북 룡천군, 염주군	고고학연구소	산포지	
	중강 토성리유적	자강도 중강군 토성리		집터	2차
	염주 도봉리유적	평북 염주군 도봉리		산포지	
1962~63	녕변 세죽리유적	평북 녕변군 세죽리		집터	
1964(7)	룡천 신암리유적	평북 룡천군 신암리	고고학연구소	포함층	
	경성 원수대유적	함북 경성군	고고학 및 민속학연구소	조개더미	1차
	영안 광암리유적	함북 영안군 광암리	고고학연구소	산포지	
	어랑 룡평리유적	평북 어랑군 룡평리	고고학연구소	산포지	
	라진 용제리유적	함북 라진군 용제리		산포지	

	송림 석탄리유적	함북 송림시 석탄리	고고학 및 민속학 연구소 · 사리원력사박물관	집터	
	룡천 신암리유적	평북 룡천군 신암리		집터	3차
	룡천 신암리유적	평북 룡천군 신암리		집터	4차
1965(3)	경성 원수대유적	함북 경성군	청진박물관	조개더미	2차
	린산 주암리유적	함북 린산군 주암리	조선력사박물관	집터	
1966(1)	룡천 신암리유적	평북 룡천군 신암리	신의주력사박물관	집터	5차
1972(1)	룡천 룡연리유적	평북 룡천군 룡연리	고고학연구소	집터	
1974(1)	룡천 신암리유적	평북 룡천군 신암리		집터	6차
1975~76	신포 강상유적	함남 신포시 강상리		집터	
1979~81	평양 남경유적	평양시 삼석구역 호남리 남경	고고학연구소	집터	1~3차
1980~81	상원 룡곡동굴	평남 상원군 룡곡리	김일성종합대학	동굴	
1982(1)	평양 장촌유적	평양시 룡성구역 장촌	고고학연구소 · 조선중앙 력사박물관	집터	
1987~88	봉산 마산리	황북 봉산군 마산리	고고학연구소	집터	
1989~91	청단 소정리	황남 청단군 소정리	고고학연구소	집터	
1991(1)	정주 당산유적	평양 정주군 대산리	고고학연구소	조개더미	

3. 청동기

연도 (수)	유적이름	위 치	조사기관	유적성격	비고
1947(1)	웅기 송평동유적	함북 웅기군 송평동		무덤	시굴
1949(1)	라진 초도유적	함북 라진군 초도	청진력사박물관	집터·무덤	
1953(1)	원산 중평리유적	강원 원산시 중평리		산포지	
1954(2)	황주 순천리유적	황북 황주군 순천리 상동	고고학 및 민속학연구소	돌널무덤	
	회령 오동유적	함북 회령군 회령읍 오동	〃	집터	1차
1955(6)	회령 오동유적	〃	〃	〃	2차
	평양 금탄리유적	평양시 사동구역 금탄리	〃	〃	
	평양 원암리유적	평양시 강남구 원암리		〃	
	강계 공귀리유적	평북 강계시 공귀리	물질문화유물 보존위원회 · 고고학 및 민속학연구소	집터 · 돌널무덤	
	중강 장성리유적	자강 중강군 장성리		산포지	
	봉산 마동유적	황북 봉산군 마동	사리원 력사박물관	산포지	

	유적	위치	조사기관	유형	차수
1956(3)	사리원 상매리 유적	황북 사리원시 상매리	〃	돌널무덤	
	명천 량정리유적	황북 명천군 량정리			
	금야 소라리유적	함남 금야군 소라리			
1957(7)	강서 태성리유적	평남 강서군 태성리	고고학 및 민속학연구소	집터·고인돌	
	은파 묘송리유적	황북 은파군 묘송리		집터	
	봉산 지탑리유적	황북 봉산군 문정면 지탑리	고고학 및 민속학연구소	집터	
	광천유적	함남 광천군 광천읍	〃	고인돌	
	종성 동관리유적	함북 종성군 동관리	〃	산포지	
	종성 삼봉리유적	함북 종성군 삼봉리	〃	〃	
	영안 화룡리유적	함북 영안군 화룡리		〃	
1958(9)	정주 당산터유적	평북 정주군 석산리 당산터		〃	
	룡천 신암리유적	평북 룡천군 신암리		집터	1차
	룡강 석천산유적	평남 룡강군 석천산		고인돌	
	봉산 마동유적	황북 봉산군 마동	사리원 력사박물관	산포지	
	봉산 신흥동유적	황북 봉산군 신흥동	고고학 및 민속학연구소	집터	
	봉산 어수구유적	황북 봉산군 어수구		고인돌·산포지	
	시중 심귀리유적	자강 시중군 심귀리		집터	
	시중 노남리유적	자강 시중군 노남리		〃	
	황주 심촌리유적	황북 황주군 심촌리		집터·고인돌	1차
1959(12)	평양 쉴바위유적	평양시 북구역 미림리 쉴바위	고고학 및 민속학연구소·중앙력사박물관	집터	
	의주 미송리유적	평부 의주군 의주읍 미송리	고고학 및 민속학연구소	동굴집터	
	동림 당모루유적	평북 동림군 인두리 당모루		산포지	
	룡천 왕산유적	평북 룡천군 왕산		〃	
	벽동 송련리유적	평북 벽동군 송련리		집터	
	은천 이도포리유적	황남 은천군 이도포리		산포지	
	안악 복사리유적	황남 안악군 복사리		집터	
	룡연 석교리유적	황남 룡연군 석교리		집터·고인돌	
	연산 공포리유적	황북 연산군 공포리		고인돌·돌널무덤	
	황주 심촌리유적	황북 황주군 심촌리		집터·고인돌	2차
	경원 봉산리유적	황북 경원군 봉산리		집터	
	무산 범의구석유적	함북 무산군 무산읍		〃	1차

1960(5)	개천 묵방리유적	평남 개천군 묵방리	고고학 및 민속학연구소	고인돌	1차
	무산 범의구석유적	함북 무산군 무산읍		집터	2차
	웅기 서포항유적	함북 웅기군 굴포리 서포항		집터·무덤	1차
	김책 덕인리유적	함북 김책군 덕인리		고인돌	
	중강 토성리유적	자강 중강군 토성리		집터	1차
1961(10)	평양 와산동유적	평양시 서성구역 와산동		〃	
	룡강 후산리유적	평남 룡강군 후산리		고인돌	
	룡천 신암리유적	평북 룡천군 신암리		집터	2차
	박천 룡흥리유적	평북 박천군 룡흥리		산포지	
	염주 도봉리유적	평북 염주군 도봉리		〃	
	염주 항봉리유적	평북 염주군 항봉리		〃	
	녕변 남등리유적	평북 녕변군 남등리		〃	
	웅기 서포항유적	함북 웅기군 굴포리 서포항		집터·무덤	2차
	무산 범의구석유적	함북 무산군 무산읍		집터	3차
	중강 토성리유적	자강 중강군 토성리		〃	2차
1962(5)	평양 립석리유적	평양시 승호구역 립석리		집터	
	녕변 세죽리유적	평남 녕변군 녕변읍 세죽리		〃	1차
	선천 원봉리유적	평북 선천군 원봉리	고고학 및 민속학연구소	산포지	
	정주 석산리유적	평북 정주군 석산리	〃	〃	
	웅기 서포항유적	함북 웅기군 굴포리 서포항		집터·무덤	3차
1963(3)	중화 강로리유적	평남 중화군 강로리		집터	
	녕변 세죽리유적	평남 녕변군 녕변읍 세죽리		〃	2차
	웅기 서포항유적	함북 웅기군 굴포리 서포항		집터·무덤	4차
1964(5)	송림 석탄리유적	황북 송림시 석탄리	고고학 및 민속학연구소·사리원 력사박물관	집터·돌널무덤	1차
	룡천 신암리유적	평북 룡천군 신암리		집터	3차
	영흥 금야유적	함남 영흥군 영흥읍 금야		〃	
	길주 문암리유적	함북 길주군 문암리	청진 력사박물관	고인돌	
	길주 평륙리유적	함북 길주군 평륙리 영암촌	〃	집터	
1965(6)	평양 서포동유적	평양시 형제산구역 서포동			수습
	린산 주암리유적	황북 린산군 주암리	조선 력사박물관	고인돌·돌널무덤	
	송림 석탄리유적	황북 송린시 석탄리	고고학 및 민속학연구소·사리원 력사박물관	집터·돌널무덤	2차
	룡천 신암리유적	평북 룡천군 신암리		집터	4차
	북청 중리유적	함남 북청군 중리		〃	
	갑산 금화리유적	량강 갑산군 금화리		산포지	

	유적명	위치	소장	유형	차수
1966(2)	룡천 신암리유적	평북 룡천군 신암리		집터	5차
	연안 장곡리유적	황남 연안군 장곡리	해주 력사박물관	돌널무덤	
1967(2)	배천 대아리유적	황남 배천군 대아리	〃	〃	
	북창 대평리유적	평남 북창군 대평리	고고학연구소	집터·돌널무덤·고인돌	
1971(3)	연탄 오덕리유적	황북 연탄군 오덕리	〃	고인돌	
	황주 정방리유적	황북 황주군 정방리	〃	〃	
	송림 석탄리유적	황북 송림시 석탄리	〃	집터·돌널무덤	3차
1972(1)	덕천 승리산유적	평남 덕천군 승리산	〃	동굴집터·무덤	1차
1973(3)	송림 석탄리유적	황북 송림시 석탄리	〃	집터	4차
	덕천 승리산유적	평남 덕천군 승리산	〃	동굴집터·무덤	2차
	연탄 두무리유적	황북 연탄군 두무리		고인돌	
1974(3)	덕성 월근대리유적	함남 덕성군 월근대리	함흥 력사박물관	집터	
	룡천 신암리유적	평북 룡천군 신암리	〃		6차
	종성 동관진유적	함북 종성군 동관진		무덤	
1976(1)	황주 고연리유적	황북 황주군 고연리		〃	
1977(1)	배천 홍현리유적	황해 배천군 홍현리	해주 역사박물관	돌널무덤	
1979(2)	평양 남경유적	평양시 삼석구역 호남리	고고학연구소	집터·돌널무덤	1차
	풍서 신덕리유적	량강 풍서군 신덕리		산포지	
1980(2)	평양 남경유적	평양시 삼석구역 호남리	고고학연구소	집터·돌널무덤	2차
	신평 선암리유적	황북 신평군 선암리	사리원 력사박물관	돌널무덤	
1981(1)	평양 남경유적	평양시 삼석구역 호남리	고고학연구소	집터·돌널무덤	3차
1982(4)	운전 대오리유적	평북 운전군 대오리			
	녕변 분강유적	평북 녕변군 분강리			1차
	금야유적	함남 금야군 금야읍		집터	
	북청 토성리유적	함남 북청군 토성리		〃	
1983(2)	녕변 분강유적	평북 녕변군 분강리			2차
	갑산 사평리유적	량강 갑산군 사평리		산포지	
1984(2)	숙천 운정리유적	평남 숙천군 운정리			
	개천 묵방리유적	평남 개천군 묵방리		고인돌	2차
1986(2)	사리원 광성동유적	황북 사리원시 광성동	고고학연구소	〃	
	회령 남산리유적	함북 회령군 남산리	고고학연구소	움무덤	
1989(4)	신양 평곡유적	평남 신양군 백석리 평곡		고인돌	
	봉산 마산리유적	황북 봉산군 마산리		집터	
	강동 문흥리유적	황북 강동군 문흥리		고인돌	
	안악 로암리유적	황북 안악군 로암리		〃	

1991(2)	평원 석암유적	평양시 순안구역 석암	고고학연구소·조선 력사박물관	고인돌·집터
	평원 룡이리유적	평남 평원군 룡이리	〃	고인돌
1995(4)	평양 오산리유적	평양시 순안구역 오산리	고고학연구소	고인돌
	황주 석정리유적	황북 황주군 석정리	〃	집터
	상원 장리유적	평남 상원군 장리	〃	고인돌
	증산 용덕리유적	평남 증산군 용덕리	〃	〃

찾아보기

ㄱ

가래나무속(*Juglans*) 31
가족무덤 131
각선무늬 91
간접떼기 20, 79
간접떼기 수법 22, 48
간접떼기수법 32
갈고리낚시 79
갈밭쥐 29
강상 135
강상(崗上) 유적 124
강상·호만포 유형 142
강상유적 107
강안리(동관진) 동물상 45
강안리(종성 동관진)유적 17, 45
강안리유적 113
거푸집 176, 178
검은 간토기 115, 126, 142, 153, 176, 180,
    183
검은개봉유적 66, 114
검은모루동굴 50
검은모루동굴유적 17
검은모루유적 20, 22, 26, 27, 29, 30, 35, 52,
    53, 54
격지 20
결합식작살 79
고깔지붕 69, 109
고비(*Osmunda*) 31
고사리과(*Polypodiaceae*) 31
고인돌 129, 135, 142
고조선 123~125, 136
고조선문화 203
곧선사람(*Homo erectus*) 25
곰배괭이 66, 77, 79, 86, 90, 110, 115, 146,
    151

공귀리 유형 126, 135, 137, 139
공귀리식 토기 126
공귀리유적 123, 124, 137, 155, 158~160,
    170
공귀리형 토기 137
관산리유적 193
광성동유적 191
광암리유적 114
괭이농사 64, 119
괭이농사단계 64, 66
구멍무늬토기 142, 176, 179
굴재덕유적 44
굴포리유적 14, 16, 17, 20, 22, 46, 51, 53
굴포문화(Coulporien) 14
굽은구슬 133, 141
굽혀묻기 140, 158, 195, 197
궁산 유형 96, 98, 101
궁산유적 66, 81, 108
귀일리유적 194
귄쯔·민델간빙기 16
귄쯔빙하기 16
그물무늬 95
긁개 16, 20, 22, 29, 48, 77, 139
금석병용기 61, 62, 123, 137
금야 유형 126, 142
금야-토성리 유형 176, 181, 202
금야유적 145, 176, 180
금천유적 31
금탄리 132
금탄리유적 97, 100, 110, 125, 163, 167
기제류 30, 42
꼬불무늬 75, 93
꽂개(끼움날) 79

ㄴ

남경유적 64, 96~98, 163, 167, 203

남전(藍田) 19
내려치기 20, 47, 48
네안데르탈사람 34
노(櫨) 79
노끈무늬 139
농포리유적 111
농포유적 83, 121
누른무늬 107, 113
누름무늬 102
누상 무덤 135
누상(樓上) 유적 124
눌러떼기 32, 48, 77, 79
눌러뜯기(눌러떼기) 22
느릅나무속(Ulmus) 31

ㄷ

단조품 145
단타자 130
달도끼 77, 170, 174, 196, 198
당산·조공가(堂山·肇工街) 유형 126, 129
당산유적 93, 107, 129
대고떼기 22
대롱구슬 133, 137, 139~141, 158, 186, 192,
　　　196, 199
대무덤 181
대석개묘(大石蓋墓) 135
대아리유적 199
대전 고인돌 149
대평리 132
대평리유적 195
대현동유적 19, 40
대현말 42
더운 동물(La faune chaude) 18
더운 짐승 50
덕안리유적 111
덕인리유적 181
덕천말 19, 35
덕천사람 16, 23~25, 43, 51
덧무늬 85, 91, 95, 98, 116, 126
도끼거푸집 124
도봉리유적 115, 116
독재굴유적 31
돋친무늬 117
돌팽이 64, 66, 77, 86, 101
돌깐집터 100

돌날(격지) 22
돌널 139
돌널무덤 129, 131, 133, 137, 140, 158, 164,
　　　167, 171, 173, 184, 195~199
돌돈 133, 173, 187
돌돌림[圍石] 182
돌돌림유적 189, 190
돌망치 16, 29
돌무지 187
돌무지무덤 129, 131, 135, 136
돌보습 66, 77, 78, 114, 139
돌삽 66, 77, 78
돌호미 139
동관진하이에나 45
동굴유적(cave site) 14, 17
동굴하이에나 16, 36, 37, 42~44, 57
동물고고학 52
돼지 조소품(조각품) 141, 148
물소 18, 36
물소뼈 14, 28
물질문화사연구소 140, 155
미송리 동굴유적 75, 91
미송리 유형 135
미송리~소주산 유형 75, 94
미송리유적 63, 75, 76, 120, 160
미송리형 토기 126, 136, 137, 154, 160, 161,
　　　163, 164, 167, 183, 196
미영조개 113
민델·리스간빙기 16, 30
민델빙기 16, 30
밀개 20, 22, 48

ㅂ

바늘통 143, 146
바로펴묻기 140, 148
반굽혀묻기 145
반나귀 42
반농반목 139
반움집 146, 155, 169, 170, 173, 198
밤나무속(Castanea) 31
밥조개 86, 110, 113
방사성탄소(^{14}C) 연대측정 25, 167, 203
배문중 52
백합조개 110

버팀돌 190
번개무늬 76, 86, 90, 94, 98, 107, 111, 116, 117
범의구석유적 86, 90, 152, 154, 203
벽장움 155
변형 팽이토기 132, 161, 167, 169, 193
별도끼 170, 171, 173
보습농사 64, 66, 119
복합유적 161
부계씨족공동체 124
부계씨족사회 71, 121, 124
부딪쳐떼기 16, 20, 28, 29, 47, 48
부부어울무덤 131
부순영촌(富順永村) 93
부신(父神) 숭배 148
부포리유적 22, 59
북경사람 34
불루기 21
붉은 간토기 115, 126, 143, 146, 151, 153, 154
붉은간토기 139, 141, 142
뷔름빙기 50
비파형동검 124, 125, 129, 131, 136, 199, 203
비파형창끝 142
뼈구슬묶음 190
뼈낚시 146
뼈바늘 146, 160
뼈바늘통 149
뼈비늘갑옷 154
뼈빗 151
뼈송곳 179
뼈피리 129, 148
뾰족끝 석기 22
뿔괭이 64, 66, 86

ㅅ

산화철 141
삿바늘 80, 81, 85
상마석(上馬石) 유적 135
상매리 132
상매리유적 196
상삼봉(上三峰) 13
상원계 14, 27
상원짧은턱하이에나 37

새김무늬 102, 104, 107, 126, 142
새김무늬토기 151
서단산자(西團山子) 137, 139
서단산자 유형 126, 137, 139
서리기[卷上法] 72
서북조선유형 126
서포항 유형 98
서포항~앵가령 유형 76
서포항유적 66, 81, 84, 114, 121, 125, 146, 149
석교리유적 175
석기제작소 20, 46
석천산 132
석천산유적 183
석탄리 132
석탄리유적 102, 164, 170, 171
설치류 28
섭조개 110
세죽리유적 96, 135, 162, 163
세형동검 124
소나무과(Pinaceae) 31
소영자 130, 131
소정리유적 106
소주산(小珠山) 75
손빚기[手捏法] 72
수남유적 139
순장 136
슬기사람 31, 34, 40, 42, 43
슬기사람(Homo neanderthalensis) 16
슬기슬기사람(Homo sapiens sapiens) 16, 31, 32, 43, 52
습들쥐 18, 29
승리산 동굴유적 18
승리산사람 16, 23, 24, 25, 43
승리산유적 19, 23, 35, 42, 51
승호 3호동굴유적 36
시루 132
시문구 98
시베리아 소나무 19
식민사관 13, 14, 45, 118, 119
식육류 19, 30, 35, 42
신락(新樂)유적 76
신상(神像) 숭배 84
신암리유적 75, 90, 94, 95, 134, 135, 145, 161, 162

신종(nouveau species) 18
신흥동 132
신흥동 유형 126
신흥동유적 173
심귀리유적 158
심촌리(침촌리)유적 185
쌍뉴세문경 124
쌍코뿔이 14, 28, 43
쌍타자유적 135, 136
쌍학리유적 115, 129
씨족공동체사회 123

ㅇ

안골유적 116
안터 149
안팎날떼기 48
r-분광 측정법(Spectrometry) 25
약사동유적 190
양두와(羊頭窪) 유적 134
어울무덤 191
여대 쌍타자 유적 129
연길 소영자 유적 129
연대봉(煙臺峰) 13
연옥고리 141
연체동물화석 19, 34
열형광 측정법(TLD) 25, 26, 52
영흥유적 177
옛사람뼈 23, 24, 25
옛소 57
옛털코뿔이 45
오덕리 132
오덕리유적 103, 188
오덕형 고인돌 133, 135
오동 유형 126, 151
오동식 토기 126
오동유적 139, 140, 146, 149, 151
오리나무속(Alnus) 31
옥가락지 151
옥단추 141
와분요촌(瓦盆窯村) 93
외날떼기 16, 28
외날수법 47
외날찍개 16, 29
요녕 조공가 129
용마루 69, 86, 90, 142

우라늄(U·TH·PA) 계열 원소측정법 25, 52
우제류 19, 35, 42
움무덤 129, 139~141, 145, 146, 148
원수대유적 117
원시공동체사회 123, 125
원시무리시기 121
원판형기 145
유물사관 201
이랑농사 66
이탄층 49, 50
일선동조론 62

ㅈ

작은 젖먹이짐승 29
장군산 130, 131
장군산유적 129
장덕리유적 13, 19, 49, 53, 54, 57
장두형 33, 34
장선유적 42
장성리유적 90
장촌유적 98
적봉 홍산(赤峰 紅山) 75
전나무잎무늬 98, 104
전자스핀공명 연대측정방법 26, 54
전자회전반응(ESR) 연대측정법 25
절골유적 30
절대연대 26
절대연대측정(absolute dating) 25
절대연대측정법 52
점뼈 154
점선무늬 151
점선물결무늬 76, 104
제형(사다리형)석기 22
조개더미 146
조개더미유적 107, 110, 116
조선력사박물관 198
조선옛류형(유형)사람 23, 24, 25, 63, 119
좀돌날 37, 58
좀돌날몸돌[細石刃核] 23, 37, 38, 57, 58
좀돌날석기 59
좁쌀 98
주구점(周口店) 제1지점 19, 30, 35, 42
주먹도끼 20, 48
주먹도끼모양 석기 16, 22, 29

주암리유적 197
중도리 69, 90
중리유적 176, 178, 179
중석기시대 24, 38, 57
쥐토끼 18
지경동유적 59
지상가옥 135, 175, 187
지탑리유적 64, 78, 104, 114, 124, 173
직접떼기 16, 20, 28, 32, 35, 48, 77, 79
집짐승 140
짧은턱하이에나 14
쪼각자리 21
찌르개 16, 22, 29
찍개 20, 22, 48
찔개살 101, 111

ㅊ

참나무속(*Quercus*) 31
채문토기 111
채색토기 95
채석장 185, 188, 190
처녀이끼속(*Hymenophyllum*) 31
첫소 45
청동 끌 180
청동 대롱구슬 180
청동 도끼 180
청동 방울 176, 180
청동 토시 180
청동가락지 145
청동거울 131
청동구슬 145
청동끌 167
청동단추 125, 137, 145, 161, 167, 175
청동도끼 136, 160
청동방울 145
청동칼 161
청동화살촉 133, 190, 197, 199
청등말래유적 66, 95
청청암유적 30
청호리유적 99
체질인류학 53
초도 유형 126
초도유적 142, 161
추운 동물(La faune froide) 18

추운 짐승 51
측백과(Cupressaceae) 31
친연관계 186
침촌리유적 176
침촌형 고인돌 133

ㅋ

칼날 22
칼륨·아르곤(K·Ar) 측정법 25
코뿔이 16, 42, 45
콜라겐 30
큰갈밭쥐 19, 35
큰곰 30, 42, 44
큰꽃사슴 14, 28, 29
큰돌문화 173
큰돌문화[巨石文化] 124
큰뿔사슴 14, 28, 42, 45
큰쌍코뿔이 16, 18, 36, 42, 44
큰 젖먹이짐승 29

ㅌ

타격면 58
타래무늬 76, 84, 85, 107, 114
타제석기 20
태성리유적 184
턱불룩이 31
털코끼리 42, 43, 45, 50, 57
털코끼리(맘모스)화석 13, 17
털코끼리뼈 49
털코뿔이 45, 57
테쌓기[輪積法] 72
토성리 유형 96
토성리유적 91, 154, 159, 176, 179, 181, 203
토탄층 115
톱날무늬 100
톱니날석기 32

ㅍ

팽이토기 124, 126, 132, 137, 159, 164, 167,
    169~171, 173~176, 185~187, 190, 192,
    196, 198
팽이토기문화 171, 173

팽이형토기 193

ㅎ

하모도(河姆渡) 유적 110
하안단구층 100
하이에나 45
학월리유적 110
한국식동검 125, 136, 203
한데유적(open site) 14, 17
해상동굴 44

해주력사박물관 199
호신부 80, 84
화분토기 164
화석포함층 35
화장(火葬) 131, 136
화천동유적 35
후와(後窪) 75
흑연 덩어리 178, 180
흙인형 148
흙추 180
홍릉와(興隆窪) 75